中国モンゴル民族教育の変容

――バイリンガル教育と英語教育の導入をめぐって

ハスゲレル 著

現代図書

まえがき

　本書を出版する動機をまずここで記したい。第一は、中国籍モンゴル民族である著者が日本留学で受けた「衝撃」である。日本で最も読まれる歴史小説家である司馬遼太郎が「モンゴル」に特別な思いを持っていたことは言うに及ばず、世間的なモンゴル史への関心の高さを来日して初めて知ることとなった。また、モンゴル史研究者の茨木智志との出会いも刺激的なものであった。茨木は、モンゴル民族出身である著者にも勝るモンゴル史に関する知識を有していたからである。

　第二は、「葛藤」である。内モンゴル自治区にいるときは、モンゴル語ではなく、漢語を使用する際に優越感を感じていたことがあった。しかし来日後、日本人の「モンゴル」に対する好感もあり、モンゴル民族出身であること—モンゴル語を使用することの劣等感がなくなった。ただ、それと同時に「葛藤」も生じた。それというのも、「国籍上は中国人、民族区分ではモンゴル民族」という立場はなかなか理解されにくいからである。自らを「モンゴル人」と名乗るか、「中国人」と名乗るか、名前の表記は漢字で書くべきか、カタカナで書くべきかに悩まされてきた。この問題は著者だけではなく、在日中国籍モンゴル民族なら誰でも悩むことであろう。このように、来日により異文化と接触したことが「自分は何者か」ということを改めて問い始めるきっかけとなったのである。このような「衝撃」と「葛藤」の中で、自分が中国国内で通っていたモンゴル民族学校において、自民族の歴史や文化をどのように学んできたのかということが気になり、そこで改めて、モンゴル民族教育に関心をもったのである。

2015年12月

　　　　　　　　　　　　　　　　　　　　　　　　　　　　ハスゲレル

凡　例

1　本書では、少数民族が第二言語として学習している「中国語」を「漢語」とする。

2　中華人民共和国が公認する56民族は、「～民族」と記した。したがって中国国内に居住しているモンゴル民族の人々を本書では「モンゴル民族」と称する。この表現に関して研究者によって用い方は異なり、他には「モンゴル人」、「モンゴル族」、「モンゴル民族」などの呼称がある。

3　内モンゴル自治区出身であるモンゴル民族の人名の表記法は、一般的に漢字のみ、あるいはカタカタのみの二種ある。本書では、原文を生かすようにしている。

4　「トライリンガル教育」という用語に関して、中国では使い方が統一されない。「三語教育」と「民族語・漢語・英語式のバイリンガル教育」との二種類の使い方がある。本書では、モンゴル語と漢語のバイリンガル教育が行われ、その上で更に英語も導入されることによって、三言語が学校教育で学習されることを「トライリンガル教育」と称する。

5　モンゴル語は左から右に縦書きで記されるモンゴル文字を使って表わされるため、本書ではこのモンゴル文字を次のようなローマ字で表記した。モンゴル語の母音と子音は次の通りである。
　　a e i o u ö ü　n b p q k γ g m l s t d č j y r
　　なおモンゴル国では、キリル文字が使用されている。

目　次

まえがき iii
凡例 iv

序　章 1
第一節　問題の所在 1
第二節　先行研究の検討 3
1　民族教育 3
2　言語教育 6
第三節　研究方法と構成 9
1　研究対象と方法 9
2　本書の構成 12

第一章　中国におけるモンゴル民族とモンゴル民族教育 15
第一節　中国における少数民族としてのモンゴル民族 15
1　中国における少数民族と少数民族教育 15
2　中国におけるモンゴル民族の歴史と現状 23
第二節　モンゴル民族教育の歴史的展開 29
1　中華人民共和国成立以前 29
2　中華人民共和国成立以後 32
まとめ 36

第二章　モンゴル民族教育と歴史・文化の継承 41
第一節　教科書編纂と基本方針 41
第二節　モンゴル語教育と歴史・文化学習 42
1　モンゴル民族教育の概観 43
2　分析対象の教科書と分析方法 45
3　教育目的と教科書編纂方針 46

v

4　教科書記述の各項目の検討 48
　　5　内容の特徴 60
　第三節　歴史教育と自民族史学習 62
　　1　小学校における中国史教育 62
　　2　初級中学における中国史教育 66
　　3　初級中学におけるモンゴル民族史教育 72
　まとめ 75

第三章　バイリンガル教育の歴史的変遷 83

　第一節　中国のバイリンガル教育政策 83
　　1　少数民族の言語・文字に関する政策 83
　　2　中国におけるバイリンガル教育 84
　　3　モンゴル民族教育とバイリンガル教育政策 86
　第二節　モンゴル民族教育におけるバイリンガル教育 88
　　1　内モンゴル自治区のバイリンガル教育の現状 88
　　2　実社会におけるモンゴル語と漢語の使用状況 89
　　3　内モンゴル自治区のバイリンガル教育政策の変遷 90
　まとめ 94

第四章　英語教育の導入とモンゴル民族教育 97

　第一節　「外国語活動」必修化の背景と目的 97
　　1　中国における小学校への外国語教育の導入 97
　　2　モンゴル民族教育における「外国語活動」の背景と目的 99
　第二節　バイリンガル教育からトライリンガル教育への移行 102
　　1　調査対象 102
　　2　学校の概要 103
　　3　子どもの一日 106
　　4　英語教育の導入をめぐって 108
　　5　モンゴル民族学校の諸活動 112
　まとめ 114

第五章　母語の衰退とモンゴル民族教育 117
第一節　モンゴル語衰退の深刻さ 117
1. 「西部大開発」、「生態移民」と「モンゴル民族社会」 118
2. 義務教育の普及、学校統廃合とモンゴル民族教育 120
3. 「内蒙古自治区蒙古語文文字工作条例」にみるモンゴル語 123
4. モンゴル語の試験にみるモンゴル語の衰退 125

第二節　モンゴル語の衰退と困惑する教育現場 129
1. 調査方法と対象者 130
2. トライリンガル教育と言語教師の意識 132
3. モンゴル語の授業に苦悩するモンゴル語教師 139

第三節　保護者の学校選択への葛藤 141
1. 調査対象者 142
2. 漢民族学校の選択を考えたことがある保護者 143
3. 漢民族学校の選択を考慮しなかった保護者 148
4. 子どもと保護者の言語に対する対立・葛藤 153

まとめ 158

終　章 161
第一節　総括 161
第二節　モンゴル民族教育と言語教育 162
1. 自民族の歴史・文化を十分に継承できないモンゴル民族教育 163
2. 漢語重視のバイリンガル教育とモンゴル民族教育 164
3. モンゴル語の衰退とモンゴル民族教育の危機 165
4. 英語教育の導入とモンゴル民族教育の変容 165

第三節　モンゴル民族教育の今後の発展に向けて 167

参考文献 171
初出論文 177
あとがき 179

序　章

第一節　問題の所在

　本書の対象である「モンゴル民族」とは、中国内モンゴル自治区に居住するモンゴル民族のことである。内モンゴル自治区は中国国内の五つの少数民族自治区[1]の一つであり、中国の北部、モンゴル高原の東南に位置している。内モンゴル自治区は、1947年5月1日に内モンゴル東北ウランホト市（ulanhota・興安盟）でその設立が宣言された。五つの少数民族自治区のなかで最も早く設立された自治区である。モンゴル民族は中国にあっては、少数民族である。少数民族について中国は1949年の中華人民共和国成立後、「民族平等」という理念を掲げている[2]。「民族平等」とは、第一に少数民族の社会参加に関する権利の平等、第二に言語・文字・習慣・宗教信仰といった少数民族文化の尊重を内容としている。モンゴル「民族教育」もここに基礎をおくものである。

　現在、マイノリティや先住民の文化・言語の保護・継承は世界の趨勢になっていると言ってよい。これは中国においても、当面する内在的問題である。なぜならば、中国は漢民族と、55の少数民族を含む多民族国家であり、中国という国家の中にも他民族による世界が存在していると言っても過言ではないからである。

　1978年の改革開放以降、学校教育が普及した。少数民族にはそれぞれの民族固有の文化・言語があり、漢民族の中にも地域によって方言や地域文化が存在する。学校教育の普及は、民族教育の核ともいえる民族言語教育にも大きな影響を及ぼしている。学校教育という形態を介して、主流民族の文化や言語が少数民族の地域社会へ普及していく。加えて、改革開放以降、中国社会は激変

の時期に入った。経済発展にともない、都市化が進み、学歴社会が形成され、同時に経済のグローバル化の波も押し寄せている。市場経済の発展にともなって地域格差の問題—内陸地域と沿海地域、少数民族地域と漢民族地域の格差—がますます顕著になっている。

　この現状はさらに、教育にも大きな影響を及ぼしている。中国は少数民族の教育に関して入試制度など一定の優遇政策をとってきた。しかし、今日の中国社会では一元的能力主義に基づく選抜が行われるようになっている。優遇政策によって高学歴を獲得しても能力があると認められない事態も生じている。中国の高等教育拡大によって、モンゴル民族においても大卒者は増えてはいるものの新たに就職難が問題になっている[3]。

　1978年の改革開放以降の内モンゴル自治区では、モンゴル民族学校に通う人々が減少し、モンゴル民族学校の数も減少する一方である。これは主に、モンゴル語よりも漢語と英語を学んだほうが進学や就職の際に有利であると考えられるようになったからである。先述した通り、「言語・文字・習慣・宗教信仰といった少数民族文化の尊重」は民族教育の最も重要な内容をなしているが、中でも「言語教育」はさらにその中核に当たるものである。その中核部分が今、大きな問題に直面しているのである。それ故、本書では、この部分を問題と定めたい。

　モンゴル民族の言語教育では、従来から母語であるモンゴル語に並んで、漢語が学ばれてきた。これはバイリンガル教育と呼ばれる。2001年に中国では一般的に小学校3学年から英語が必修科目となったが、内モンゴル自治区では、初級中学から必修科目となった。また近年、英語学習の学年を早めて、小学校1学年から英語を学ぶ民族学校も増えている。これをトライリンガル教育と呼ぶ。

　本書では、モンゴル民族教育における言語教育の変化、とりわけ、1949年以降のバイリンガル教育と2001年以降の英語教育の導入に伴うモンゴル民族教育の現状と課題について考察する。

第二節　先行研究の検討

1　民族教育

　1949年の中華人民共和国成立以来、教育は政治と経済発展への奉仕と位置付けられ、半世紀以上にわたり国民統合の重要な手段として機能してきた。各政治段階や経済体制の影響下で、中国における教育研究は外見的な量的発展にもかかわらず、多くの問題に対して、未着手のままである。とりわけ少数民族教育は複雑かつ困難なプロセスを経験し、また新たな課題に直面している。

　1990年代から2000年代にかけて、市場経済の発展や学歴社会化の急激な進展とその弊害が深刻化しているなかで、中国の教育についての研究は中国本土のみならず海外の研究者たちの間でも広がっている。

　少数民族教育という文言は中国の教育政策の中でも多く見られるが、国内の『統計集』や『教育年鑑』などを用いて新中国成立後の少数民族教育の状況や政治動向と関連させて概略的に記述しているものが殆どである。新中国成立後、中国の研究者が激変する政治動向に大きく左右され、十分な研究を行えない状況が続き、少数民族教育に関する研究は改革開放以降1980年代の後半になってようやく始められた。現在の中国において、少数民族教育研究に取り組む研究者は徐々に増えつつある。五つの自治区や少数民族が集中して居住する地域では、少数民族教育の研究所や高等教育機関が設置されており、その中心となっているのは北京の中央民族大学である。そこでは全国レベルの学術雑誌『民族教育研究』[4]をはじめ、勝星・王群主編『20世紀中国少数民族与教育』[5]、呉明海『中国少数民族教育史教程』[6]及び哈経雄・勝星主編『民族教育学通論』[7]といった研究がある。少数民族教育の中核的な研究機関である中央民族大学における研究蓄積は、理論研究や教育史からのアプローチが中心である。内モンゴル自治区のモンゴル民族教育に関する研究をみると、劉世海主編『内蒙古民族教育発展戦略概論』では1900年代から1990年代までのモンゴル民族教育の歴史的変遷、遊牧地域や半農半牧地域にわけてモンゴル民族教育を論じている[8]。また胡春梅『民族教育発展研究』では、モンゴル民族教育を歴史、

政治、教師や教材などの面から論じている[9]。モンゴル民族教育は紆余曲折を経ている。しかしながらこれらの研究は、モンゴル民族教育の歴史や政策に関するものが中心で、必ずしも十分に研究が蓄積されているわけではない。

格日楽(ゲレル)は少数民族の教育自治権に焦点を当て、民族教育の使用言語文字及び教育内容がどのように運用されているかを分析している。そこでは、教育自治権に関する法規定の不十分さ、また実用性の欠如を指摘している。格日楽は、民族言語文字と教育内容を無視した実態のない民族教育は、その民族の発展や歴史・文化・伝統・生活習慣の継承を阻害する可能性もあり、民族教育に教育自治権を反映させる重要性を強調している[10]。ここで指摘された問題点は、現在も存在する。それらの問題点がなぜ長年克服できなかったのか、その要因の究明が求められている。言い換えれば、モンゴル民族教育の発展にとって、民族の言語文字と教育内容を無視してきた根本的な要因はまだ十分解明されているとはいえない。すなわち法規定における不十分性と、法規定そのものの実際的効力に関する問題が残されたままなのである。

内モンゴル自治区のモンゴル民族教育に着目する際に、雑誌『内モンゴル教育』[11]の存在は不可欠である。雑誌『内モンゴル教育』は内モンゴル自治区で出版されている教育に関する雑誌の中でも、唯一モンゴル語で書かれたものである。著者は小学校、初級中学及び高級中学の教師が主であるため、現場の生の声が一定程度反映された雑誌である。ここでは民族学校の経費不足、不人気、児童・生徒の減少、教師の質や待遇の悪さ、英語教育の導入による教師や教材不足、英語学習の学年などをめぐる問題が挙げられている。1978年の改革開放、市場経済への移行によってモンゴル民族学校の経費不足、児童・生徒の減少及び教師の質などをめぐる諸問題が雑誌『内モンゴル教育』で指摘されてきた。実際に教育現場ではこれら一連の問題が存在するにも関わらず、この雑誌に着目する先行研究は極少ない。

モンゴル民族教育に関する研究は理論研究が多く、少数民族教育に関する政策への言及や改革開放以降に得られた成果に関する記述がほとんどである。一方、教育現場を反映した研究、つまり現在のモンゴル民族教育の現状にどのよ

うな動きがあるかに関しては、2000年以降になって始められた研究が多い。

　萌芽段階ではあるが、ソロンガとアラタン・バートルはモンゴル民族の生活実態に焦点を当てた現地調査を行い、モンゴル民族教育について以下のように考察している。

　ソロンガの研究は、内モンゴル自治区の都市に居住するモンゴル民族の生活実態を論じた事例研究である。そこでは、都市に住む民族教育を受けた保護者の漢民族学校選択の理由は、受験競争に勝ち抜くことや、子どもが、「モンゴル民族社会」以外でも十分に活躍できる就職口の確保としてである。一方で自民族のことばや文化を継承して欲しいという願いも強く、家庭ではなるべくモンゴル語でコミュニケーションをとっているという。モンゴル民族学校に通う子どもが減少している現状が、親子間のコミュニケーションや民族のアイデンティティに大きく影響している[12]。このように、ソロンガの研究は、都市部のモンゴル民族の生活実態と民族意識を質的に把握した初めての研究である。彼は、都市に居住するモンゴル民族の母語やその教育が危機に直面していると指摘している。

　ソロンガが都市の民族教育問題を取り上げたのに対して、アラタンは都市と農村、及び階層の格差に焦点をあて、改革開放下でのモンゴル民族の生活実態と教育戦略の質的把握という視点からアプローチしている。例えば、漢民族学校の選択の比重を高めているのは、主に都市の住民と農村上層の公務員であるという。漢民族学校を選択する生徒が増える中で、学習言語を軸とする学校教育とは異なり、地域や職業階層の違いを超えて一部世代的に継承されつつある家庭や地域の日常生活に根ざした生活言語のモンゴル語が、今後重要になるという[13]。アラタンの研究は、モンゴル語は学校教育の中で学ぶのみではなく、家庭あるいは地域社会に根付いたモンゴル語継承の在り方を示した初の試みである。

　両研究とも質的調査方法を用い、前者は都市のモンゴル民族、後者は都市と農村及び階層の格差に焦点を当て、それぞれ今までと異なる視点から問題提起している点では評価すべきである。

モンゴル民族学校の寄宿生活を手がかりにし、モンゴル民族の教育制度を分析した烏力更(ウリゲン)は、児童・生徒が宿舎で共同生活を送ることによって中華思想に影響されつつあるという。モンゴル民族は長年遊牧生活をしてきたため、一戸一戸の距離が空いており、数キロも離れ、学校のある中心地からの距離もあるため、子どもは寄宿生活を余儀なくされる場合が多い。そのため、寄宿舎で共同生活を送ることによって、学校教育と家庭教育の差異が子どもの民族アイデンティティの育成を妨害する恐れがあると指摘する[14]。たとえば、学校教育のカリキュラムは統一されており、それを通じてイデオロギー教育が強調され、知識伝授中心の教育方法、統一入試などが行われる。モンゴル民族教育の教育内容の特徴についてスチンゴワは、一方ではモンゴル民族の歴史や文化への興味関心を高めることの大切さを教えるとともに、他方では社会主義の思想・道徳や愛国主義精神を育てることも重要な目標となっていると述べている[15]。確かに近代学校教育は、共通文化・共通言語をモンゴル民族地域にまで普及した。それによって、子どもはそれまで身に付けてきたモンゴル民族教育とは異質な文化を学校で体験し、常に二つの側面をもつ教育を受けることになる。近年の学校教育の普及は、民族の差異の尊重ではなく、漢民族と同じ教育水準を求めてきた。しかし、その裏にあるモンゴル民族の生活実態の変化が教育にも大きな影響を与えてきた。その中で明らかに影響されたのは、「ことば」である。

2　言語教育

中国の少数民族教育と言語教育に関する代表的な研究として、岡本雅享[16]の研究があげられる。岡本は、多言語社会である中国の少数民族教育政策と実際の民族教育の全体像を解明するため、フィールドワークをもとに、現地の情報を集め、検証した。その中でも特に各民族の言語政策、バイリンガル教育を中心にどんな教科書、教授法が使われているのかなど、教育現場に関する疑問をもち、アプローチしたものである。岡本はこれまでの中国における少数民族教育の現状について、「法律はこう定めている、政策はこうなっている、民族学校は何校あり・・・・といった政府の公的立場やハード面の情報が、対外的

にも積極的に流される一方で、ソフト面の状況―現場での実施状況や具体的な反響、成果、当事者たちの思いなど―は、不思議なほど伝わってこない。」[17]と指摘する。確かに、中国の少数民族教育を概観すると、実態の正確な認識から制度が構築されるのではなく、理念が先行して現実が無視されてしまっている。岡本は、ウイグル民族・チベット民族・モンゴル民族・イ民族などの民族教育をそれぞれの民族語政策の歴史的変遷から述べているものがあり、それぞれ民族の言語教育の現状を個別具体的な追究においてはまだ余地が残されている。たとえばモンゴル民族教育に関しては、1990年代の初め頃までの言語教育の歴史的変遷を述べているものの、1990年代以降の英語教育の導入により変貌しつつある現在の言語教育に関しては触れられていない。

　言語教育に関する研究をみると、哈申格日勒(ハスンゲレル)と小柳正司は、内モンゴル自治区におけるモンゴル語教育を中心として、その言語教育政策を批判している。1947年当時、モンゴル民族小学校ではモンゴル語のみが教えられ、モンゴル民族の文化を発展させる方針がとられていた。しかし1953年になると、小学校でも漢語を教える方針が打ち出され、小学校高学年から漢語が導入された。しかし文化大革命時に、モンゴル民族教育は大きな被害を受ける。その後1980年代以降、モンゴル民族学校ではモンゴル語と漢語のバイリンガル教育が推進されてきた。哈申格日勒と小柳正司は、今日までのバイリンガル教育は、学校教育における漢語普及の有力手段となり、強力な同化政策の推進機能を担っていると指摘している。また、経済的上昇を願う保護者の気持ち、さらに沿海部と内陸部の経済格差などともからみ、少数民族の言語の喪失は「強化的な喪失」から「自発的な喪失」になってきていると、モンゴル民族教育批判している[18]。さらに、モンゴル語と漢語のバイリンガル教育における漢語の比重が徐々に高められ、モンゴル民族学校の中には、母語と漢語の位置を逆転させ、教授言語を漢語に切り替える学校も現れていると現状を指摘し、モンゴル語の置かれている危機的な状況を示している。

　上述の、バイリンガル教育における母語の位置づけからのアプローチとは異なり、ゴイハンは英語教育の導入によるトライリンガル教育の実施の面から、

母語であるモンゴル語教育の現状について指摘している。中国の英語教育の特徴は、英語教育が言語能力の育成にとどまらず、「思想、品格、道徳心を磨き、愛国心や社会主義の考え方を身につけさせること」であるという。しかし、民族学校側の準備が整わない状況での英語教育の導入により教師、教材、教授言語などさまざまな問題が生じており、その中で特に媒介言語の問題が取り上げられる。いわゆる英語教育の教授言語を母語にするか、第二言語である漢語にするかの議論が、民族教育と言語教育の近年の焦点になっている。トライリンガル教育によりモンゴル民族教育で生じている問題は、母語喪失を加速させ、民族教育の衰退と空洞化が観察され、英語教育の実施がこの結果を更に深刻にさせているという。

　ゴイハンはさらに、モンゴル民族の児童・生徒の言語能力の母語優位から漢語優位への移行がみられることも指摘している。今後、モンゴル民族教育が、民族性維持という民族自治区の課題に応える教育機関として機能するためには、モンゴル語、漢語、英語のトライリンガル教育は避けることができず、民族教育のためにより有効なトライリンガル教育システムを構築するのに、民族性維持に必要となる言語教育の基盤を堅固にする必要があるという[19]。確かにゴイハンが言う通り、モンゴル民族の児童・生徒は母語優位から漢語優位へと移行しているかもしれない。しかし、英語教育の実施が母語喪失の加速を更に深刻にさせているという仮説は、ゴイハンの一連の研究から更なる実証が必要である

　近年、グローバル化や中国の急激な経済発展のもとで、少数民族の言語教育に関して、バイリンガル教育の視点からは十分に分析し切れない新たな問題も生じている。例えば、英語教育の重視が漢民族学校のみならず、少数民族の学校にまで及び、その勢いは強まる一方である。中国における経済成長の手段としての教育重視のなかで、内モンゴル自治区でも、近年経済を発展させるためのひとつの手段として英語教育が重視されている。

　このような英語教育への重視がモンゴル民族教育及び母語・母語教育にどのような影響を与えたか、に関して当事者の生の声を分析することが、本書にお

ける主要なテーマである。

第三節　研究方法と構成

1　研究対象と方法

　改革開放以降、急激な変化を遂げている中国社会では、モンゴル民族学校に通う子どもが減り、モンゴル民族学校も減少している。それはモンゴル語よりも漢語と英語を学ぶことが有利、と捉える人々が増えているからである。

　岡本は、少数民族教育に関する政府からの立場の情報は積極的に流れるが、教育現場の状況や当事者の意見などはあまり伝わっていないと指摘している。また、モンゴル民族教育に関する研究は理論研究が中心で、教育現場の状況を伝えるものが少なく、あったとしても断片的である。中華人民共和国憲法は少数民族の言語・文字・習慣・宗教信仰などを尊重することを、「民族平等」のひとつとして掲げている。公平、平等を原則とする近代学校では、少数民族に対して言語的・文化的多様性を承認すると同時に「中華民族」として共有されるべき基本的な価値も求められている。とりわけ言語に関して言えば、漢民族も含めてすべての「中華民族」が共通語である漢語を学習すると同時に、各少数民族の言語の使用と発展の承認・尊重も配慮する必要があると考える。

　それ故、本書ではモンゴル民族教育における言語教育の変化、とりわけ、バイリンガル教育からトライリンガル教育への移行が、モンゴル民族教育にどのような影響と変貌をもたらしているかについて考察することを目的として、以下の三つの課題を設定する。第一に、中国におけるモンゴル民族とモンゴル民族教育の特徴を踏まえ、今日のモンゴル民族学校の教育内容を検討し、自民族の歴史や文化がいかに民族教育を通して学ばれているかを明らかにする。第二に、バイリンガル教育政策の歴史的変遷を手がかりに、長年行われてきたバイリンガル教育がモンゴル民族教育及び母語・母語教育にどのような影響をもたらしたかを明らかにする。第三に、バイリンガル教育からトライリンガル教育への移行過程におけるモンゴル民族教育の変容を明らかにする。

そのため本書では具体的に第一に、中国モンゴル民族教育政策を、その歴史的展開に即して検討する。言語教育に注目し、バイリンガル教育政策からモンゴル民族教育の変貌を捉える。第二に、モンゴル民族学校の「いま」、即ち現状の把握である。また、モンゴル民族学校の現状を明らかにするために、モンゴル民族小学校及び初級中学で使用されているモンゴル語と社会・歴史教科書の分析を行い、次に三言語教師や保護者へのインタビュー調査を行った。

　調査対象の地域と学校を第4章で詳しく説明するが、ここでも簡単に触れておく。

　調査対象校は、内モンゴル自治区の中央部に位置し、半農半牧地域であるAホショー（qusiγu・旗）のモンゴル民族学校である。Aホショーは漢民族とモンゴル民族が混合して居住しているのが特徴である。

　内モンゴル自治区の牧畜地域の行政区分は、アイマグ（aimaγ・盟）、ホショー、ソム（sumu・蘇木）とガチャ（γačaγ-a・嘎査）の4段階に分かれている。この4つの行政区分の名称はモンゴル語であり、日本語ではそれぞれアイマグは「集落」、ホショーは「先峰」、ソムは「矢」、ガチャは「避難」である。今は行政区分の名称になっており、本来の意味はほぼ反映されていない。日本での行政区分の名称は、漢字で表記されたり、カタカナで表記されたりして、統一されていない。例えば、ホショーを「旗」と、漢字を使っている場合もある。本書では、アイマグ、ホショー、ソムとガチャというようにカタカナ表記を使用する。

　表1は、調査時期と調査内容である。

表1　調査期間と調査内容

調査期間	調査内容
2007/9/2 ～ 9/27	各言語の授業観察・課外活動観察・校長インタビュー・教務課主任インタビュー・教育局及び学校での資料収集と閲覧・各言語の教師への予備調査
2008/9/22 ～ 10/17	各言語の教師への本調査(10名)・保護者への予備調査・各言語の授業観察・課外活動観察・校長インタビュー・教務課主任インタビュー・教育局及び学校での資料収集と閲覧
2009/3/19 ～ 4/1	保護者への本調査(8名)・教育局及び学校での資料収集と閲覧
2011/6/25 ～ 7/5	モンゴル語テストの実施及びモンゴル語教師インタビュー

表1の通り、それぞれの調査での実施期間はやや異なるが、1回あたりほぼ3週間にわたって、終日、観察調査とインタビュー調査、資料閲覧や収集などを行い、第一次資料を入手した。また2007年から2011年まで、現地学校の状況を把握するために、電話やメールで調査対象学校の教師と連絡を取り続けた。しかし中国では、政府関連の資料は公開されないこともあり、資料収集に制約があり、この面で限界を有している。内モンゴル自治区出身のモンゴル民族であり、「モンゴル」の研究に多大な蓄積を残している楊海英は、中国の「資料」に関して以下のように述べている。

　　「中国は各種資料を秘密にしようとする意識の強い国である。国家が弱体化するなかで、長い間西欧列強に貴重な文献類や文化財などが略奪されてきた歴史から、中国は資料の公開には一貫して慎重な態度をとってきた。「重要」とされる資料は政治に有用であって、一般庶民には無関係で、「重要な書類」に興味を示すこと自体、動機が問われるという危険がともなう。そのため、中国を調査研究するものには、一見したところ膨大な文献があるようにみえるが、本質的に有用な資料は常に欠乏状態にあるといっても過言ではない。」[20]

　著者も日本で研究しているということで特に警戒され、「档案室」[21]の閲覧もできなかった。このような制限と限界を補うために、著者は数回にわたって調査校を訪れ、なるべく長時間学校に滞在し、教師間の会話や学校行事などに参加することで、現状を把握するように努力した。
　本書の方法論としては、予備調査を参考に事前に調査項目を立て、それを土台にしながら教師や保護者との対話を行う「半構造化面接法」の手法を用いた。半構造化面接法の場合、対象者に自由に語ってもらうため、既にもつ視点を明らかにすることができる。すべての対象者が「モンゴル語」と「漢語」を等しく理解し、読み書きできる状況にはない、など対象者の言語能力に散らばりが存在する。またこのような調査に対する経験が乏しいか、あるいは全くないた

め、我々の調査に対して強い防衛的な備えが存在するという事情もあった。また質問の意図が十分伝わっているか否かを確かめるためには、観察といくつかの補充的な質問が必要である。等々の理由から、調査方法として「半構造化面接法」を採用した。

2　本書の構成

第一章では、中国においてモンゴル民族が置かれた状況とモンゴル民族教育の特徴を踏まえ、モンゴル民族教育の歴史的展開とその問題点を明らかにする。

第二章では、モンゴル民族学校で使われている、小学校及び初級中学のモンゴル語の教科書、小学校社会の教科書、初級中学の中国歴史とモンゴル民族の歴史の教科書の分析を通して、モンゴル民族学校におけるモンゴル民族教育内容の特徴や動向を考察する。モンゴル民族学校における教育内容は、モンゴル語や歴史の一部を除いてほとんど漢民族学校のカリキュラムと同じだからである。これらの内容の分析を通してモンゴル民族の次世代にモンゴル民族のことば、歴史や文化を今日においていかに伝承しているかを考察する。

第三章では、中華人民共和国成立後のモンゴル民族教育における漢語教育の歴史的変遷をふまえてバイリンガル教育の特徴を明らかにし、長年のバイリンガル教育が今日のモンゴル民族教育にもたらした影響について検討する。

第四章では、2001年から英語教育が初級中学から必修科目として導入された動きを資料分析と現地調査により明らかにする。その際、英語教育の導入によるトライリンガル教育が、モンゴル民族教育に新たに投げかけている問題点を検討する。

第五章では、1978年以降のモンゴル民族と教育の政策分析を通して、モンゴル語と民族教育の問題点を明らかにする。これを踏まえて、各言語教師や保護者へのインタビュー調査の分析を通して、モンゴル民族教育の課題を明らかにする。終章では本書のまとめと今後の課題について記述する。

注

1) 五つの少数民族自治区とは、新疆ウイグル自治区、チベット自治区、寧夏回族自治区、広西チワン族自治区と内モンゴル自治区である。
2) 「中華人民共和国憲法」で、このように規定されている。
3) 鄭新蓉「中国高校卒業生就業状況調査―以三所学校為例」新保敦子編『国際フォーラム　女子青年の進路選択をめぐる国際的共同研究―日本及び中国に焦点を当てて』早稲田大学MDセンター、2010年、18-48頁。この研究では北京師範大学、中央民族大学とフフホト民族学院の三つの高等学校卒業者へアンケート調査を行い、就職状況を分析している。漢民族学生とモンゴル民族学生を比べた際、明らかにモンゴル民族学生の就職率が低いことがわかった。
4) 雑誌『民族教育研究』は中央民族大学が編集・出版している月刊誌である。
5) 勝星・王群主編『20世紀中国少数民族与教育』民族出版社、2002年。この中では少数民族と漢民族の関係を費孝通の「中華民族多元一体構造論」から述べ、中国に居住している各民族全体をひとつの民族であると主張し、56の民族を「多元」、中華民族を「一体」として捉えている（費孝通「中華民族的多元一体格局」費孝通編著『中華民族的多元一体格局』中国民族学院出版社、1989年、1頁。）。また少数民族とその教育を政治、経済、言語、文字、生活習慣などの面から統括的にまとめたものである。
6) 呉明海『中国少数民族教育史教程』中央民族大学出版社、2006年。呉は、中国の少数民族教育を年代順に三段階にわけて論じている。第一段階は「中国少数民族の古代教育に関する発展の歴史変遷」であり、約200万年以前から1840年のアヘン戦争前まで述べている。第二段階は「中国少数民族の近代教育に関する発展の歴史変遷」であり、1840年のアヘン戦争から1949年の中華人民共和国成立まで述べている。第三段階は「中国少数民族の現代教育に関する発展の歴史変遷」であり、1949年中華人民共和国成立以後のものを述べている。
7) 哈経雄・勝星主編『民族教育学通論』民族出版社、2001年。中国少数民族教育に関して教育学からアプローチした理論研究である。
8) 劉世海主編『内蒙古民族教育発展戦略概論』内蒙古教育出版社、1993年。
9) 胡春梅『民族教育発展研究』内蒙古教育出版社、2003年。
10) 格日楽「中国民族教育における教育自治権について―民族教育の使用言語文字と教育内容に対する自治権を中心に」一橋大学大学院法学研究科『一橋法学』第5巻第3号、2006年11月、327-350頁。
11) 《öbür mongγul-un surγan kümüjil》öbür mongγul-un surγan kümüjil-ün sedγül-ün qoriya。
12) ソロンガ「中国内モンゴル自治区における民族教育の現状―都市部のモンゴル家族の生活実態を中心に」愛知県立大学『愛知県立大学大学院国際文化研究科論集』第7巻、2006年、205-234頁。
13) アラタン・バートル「現代中国の少数民族地域における家族の教育戦略―モンゴル族の地域・階層間比較を中心に」『地域社会学会年報』第21集、2009年、101-113頁。
14) 烏力更「中国内モンゴル自治区における民族教育―生徒たちの寄宿生活」佛教大学教育学部『佛教大学教育学部学会紀要』第8号、2009年、151-159頁。

15) スチンゴワ「モンゴル民族教育における教科書編纂の実態」東京外国語大学大学院教育改革支援プログラム「高度な言語運用能力に基づく地域研究者養成」学術調査報告書、2008年。
16) 岡本雅享『中国の少数民族教育と言語政策』(増補改訂版) 社会評論社、2008年。
17) 同上書、4頁。
18) 哈申格日勒・小柳正司「中国内モンゴル自治区自治区における民族語教育の現況」鹿児島大学教育学部『鹿児島大学教育学部教育実践研究紀要』第17巻、2007年、101-107頁。
19) ゴイハン「内モンゴル自治区自治区におけるトライリンガル教育—少数民族学生の母語能力への影響を中心に」お茶ノ水女子大学グローバルCOEプログラム『格差センシティブな人間発達科学の創成』公募研究成果論文集、2008年、65-75頁。
20) 楊海英・児玉香菜子「中国・少数民族地域の統計をよむ—内モンゴル自治区オルドス地域を中心に—」静岡大学人文学部編『人文論集』第54巻1号、2003年、59-184頁。
21) 档案とは、各種組織、機関あるいは個人が業務処理を行う際に発生し保管される記録、文書、資料を表すことばである。「档案室」とはそれを保管する部屋をさす、各学校に「档案室」があり、関係者以外は立入禁止とされている。

第一章
中国におけるモンゴル民族とモンゴル民族教育

　本章では、中国においてモンゴル民族が置かれている状況とモンゴル民族教育の特徴及び、問題点を整理する。そのため、まず中国における少数民族と少数民族教育政策の現状を俯瞰し、その中でモンゴル民族教育の特徴を示す。次に、モンゴル民族教育の歴史的展開について考察し、その問題点を整理する。

第一節　中国における少数民族としてのモンゴル民族

1　中国における少数民族と少数民族教育

（1）少数民族の位置づけ

　中国は、1949年10月1日に中華人民共和国が成立して以来、「統一された多民族国家」と自称し、民族の平等と団結を国是として掲げてきた。建国から現在までに全国規模の人口調査が1953年、1964年、1982年、1990年、2000年、2010年と6回実施されている。2010年の第6回人口調査での少数民族人口は1億1379万人で、総人口に占める割合は一割に達しない8.4%である。少数民族のうち最多の民族は広西のチワン民族で、約1500万人あまりである。最少の民族はチベット自治区内のヒマラヤ山脈南側の河谷流域で生活するロッパ民族で、約2300人である。しかし、少数民族の全人口に占める割合の低さに対して、その居住地域は非常に広く、総面積の約64%を占めている[1]。

　中国における少数民族の分布状況の特徴は、以下の6点にまとめられる[2]。①人口が少ないわりに広大な地域に分布している。②多くは西部地区の山地、高原、草原などの自然条件、生活環境が厳しく人口密度が希薄なところに居住している。反面、石油、天然ガス、石炭などの天然資源に恵まれている。③国

境地帯に居住している。④中国全土に分散し、多数の民族が混ざって居住するという民族分布状況になっている。⑤少数民族人口の約三分の二は、各民族が「民族区域自治」を実施できる「民族自治地方」に集中的に居住している。⑥少数民族人口の約三分の一は当該民族の「自治地方」ではなく、全国各地の都市や農村に分散して居住している。

　以上のなかでもっとも重要となるのは、少数民族のほとんどが、資源が豊かで人口の希薄な国境周辺に集中していることである。全人口の 8.4% にすぎないマイノリティが中国の国家統合、経済統合、安全保障にとってきわめて重要になる理由はここにある。例えば、内モンゴル自治区のレアアース埋蔵量は中国国内最多、石炭埋蔵量は山西省に次いで国内二位、広西チワン族自治区のスズ埋蔵量は中国国内最多で、アルミニウム、マンガンの宝庫でもある。チベット自治区もホウ砂とクロムの埋蔵量が中国国内最多、銅の産出量で国内三位、また新疆ウイグル自治区は、クラマイやタリム盆地の油田をはじめ、ウランなどの希少金属、放射性金属のような資源が豊富である[3]。

　中国では、人口について漢民族が圧倒的に多数であるため、その他の 55 民族が「少数民族」と呼ばれている。現在は中国の少数民族を 55 と数えているが、歴史的には最初から「55 の少数民族」であったわけではない。建国当初は 9、その後 38、54、そして 1980 年代に 55 と統計されるようになった。それ以前は、「弱小民族」や「小民族」と呼ばれていた。中国成立後、はじめての人口調査（1953 年）では、自己申告に基づいて登録された「民族名」は 400 以上にのぼっていたと言われている。その後、中国政府は 400 数種の集団に対して民族識別を開始し、分類、統合により現在の 55 という少数民族の数を確定したのである。

　中国の民族識別、民族理論からすれば、中国における民族は流動的で、二つの民族をわける境界は、文化的なものであったり、あるいは政治的なもの、あるいは論理的に説明できない場合さえある。このような状況を、毛里和子は「中国における民族は、民族識別を通じて、上から作られてきた」と述べている[4]。中国の民族識別はスターリンの民族定義に大きく影響を受けたものと

なっている。スターリンは、「民族とは、言語、地域、経済生活、及び文化の共通性のうちにあらわれる心理状態、の共通性を基礎として生じたところの、歴史的に構成された、人々の堅固な共同体である[5]」と定義している。しかし、たとえば回民族は中国全土に散住しており、歴史的に自分の文字、ことばを持ったことはなく、漢語を日常語としているように、スターリンの民族定義だけでは把握することの出来ない状況もみられる。モンゴル民族も、内モンゴル自治区以外の広い地域や国にまたがっている。

（2）少数民族の政策

中国の行政区分は、漢民族が人口の大部分を占める地域と少数民族が集住する地域とでは、多少異なっている（表1-1）。

表1-1　中国と日本の行政区分

行政区	内モンゴル自治区	少数民族中心地域	漢民族中心地域	日本
省レベル	自治区	自治区	省・直轄市・特別行政区	県
地レベル	アイマグ（盟）・市	自治州	市（地級市）	郡
県レベル	ホショー（旗）・県	自治県	市（県級市）・県・特区	市
郷レベル	ソム（蘇木）・鎮	自治郷	郷・鎮	町
村レベル	ガチャ（査）・村	村	村・組	村

表注：中華人民共和国行政区画 http://www.xzqh.org を参照に著者作成（2015年11月19日現在）。

中国政府は少数民族問題を解決する政策のひとつとして、少数民族区域自治の方針を採用している。この方針は1954年、「中華人民共和国憲法」において、少数民族中心地域を自治区、自治州、自治県と規定したことに由来する。

省レベルの行政区は、23省、5自治区、4直轄市、2特別行政区からなっている。少数民族中心地域を5自治区、30自治州、121自治県、1267民族郷の4段階に分ける。1億643万人の少数民族の73％、7726万人が、少数民族自治地方に集居している。一方で、分散して居住しているために自治地方に該当しない地域で暮らす少数民族も2400万人いる[6]。たとえば、アチャン、ジノー、ドゥアン、メンパ、ロッパ、タタール、ロシア、ウズベク、ホジェン、

ガオシャン、の10民族には固有の自治地方がない。また、少数民族人口の割合が高い自治地方は、チベット自治区94％（自治区人口262万人・自治少数民族人口246万人）、続いて、新疆ウイグル自治区59％（自治区人口1925万人・自治少数民族人口1143万人）である[7]。

　中国政府は民族問題にかかわる基本政策として、区域自治を実施した。これは、社会主義中国の建設に欠かせない政策である。区域自治実施の背景を陳中漢と額爾登は、以下の4点にまとめている。①統一された多民族国家の発展の中、悠久な歴史的基礎がある。②中国は民族問題を解決する政治形式を区域自治であると定めている。③少数民族分布の状況が区域自治を求める。④少数民族の地理的位置と帝国主義国家の侵略や圧迫があったため、統一国家のなかに区域自治を求める[8]。

　この政策によって中国政府は建国時に少数民族の自決権・分離権を否定した連邦制国家の構想を放棄した[9]。

　代わって打ち出されたのが、辺境少数民族地区を「不可分の一部」として単一制国家に統合する方針であり、各少数民族が集中して居住する地域を「民族自治地方」として画定して種々の自治権を付与するという「民族区域自治」政策である。その民族区域を「不可分の一部」として制度化したのは1952年8月の「中華人民共和国区域自治実施要綱」（中華人民共和国の区域自治実施に関する要綱）である。その第二条では、「各民族の自治区はすべて中華人民共和国領土の切り離すことのできない一部分である。各民族自治区の自治機関はすべて中央人民政府の統一的指導のもとにある地方政権であり、かつ上級の人民政府の指導を受ける」[10]とされている。

　さらに、1954年の「中華人民共和国憲法」の第3条では以下のように定められている。

> 「中華人民共和国は、統一された多民族国家である。各民族は、すべて平等である。いかなる民族に対する差別や圧迫を禁止し、各民族の団結を破壊する行為をも禁止する。各民族は、すべて自己の言語・文字を使用し

発展させる自由をもち、すべて自己の風俗習慣を保持し、または改革する自由をもっている。各少数民族が集中して居住する地方では、区域自治を実行する。各民族の自治地方は、すべて中華人民共和国の不可分の一部である。」[11]

　このように、各民族の平等、各民族の言語・文化の尊重、中国との「不可分の一部」であることを前提とした各民族の「区域自治」という少数民族に対する基本政策がこの時期に定まり、今日に継承されている。

（3）少数民族教育の特徴
1）中国の教育政策
　1949年の中華人民共和国の成立は、中国の政治、経済、文化の歴史に新たな一面を加えた。また中国の文化、教育発展に画期をなすことであった。中華人民共和国成立から50年間、中国の教育は整備・停滞・回復・発展・高揚という五段階の曲折を経過したと教育部は説明している[12]。

　まず1949年から1965年までは、教育を改造して新中国教育の基盤を築いた。その後の1966年から1976年の10年間、文化大革命の勃発によって、中国の教育は巨大な影響を受け、崩壊の瀬戸際に追い込まれたのである。1978年になると、「教育の春」といわれるように、鄧小平が文化大革命を終結させ、「改革開放」への道を開いた。そして1978年12月の「中国共産党第十一届三中全会」（中国共産党第十一期中央委員会第三回全体会議）において、文化大革命の混乱を鎮めるように下したのである。その結果、大学の学生募集など、国家としての教育制度が回復し、中国の教育は新たな発展段階に入ったのである。1980年代になると、中国の教育は急速に発展し、各地域で激しい進学競争が起こり、大学進学率が追求され、これに伴って児童・生徒の学習負担過重などの諸問題も顕在化した[14]。

　1990年代になると、中国の教育の急速な発展に伴い、前述の受験競争、大学進学率の追求、学習負担過重などの問題はより激化し、さらに校内暴力、自

殺、児童・生徒の体力の低下などが社会問題になった。中国の教育が間違った方向に進んでいるのではないかと多くの人々が考えるようになり、「応試教育」[15]傾向あるいは受験教育が見直され、新たに21世紀の教育方針として動き始めたのが、「素質教育」[16]である[17]。

　教育課程に関しても、中国では、国家教育委員会が規準を定め、全国的に同一であることが求められてきた。そのことが各地域の児童・生徒の多様な要求に対応できていないという問題点が認識されるようになったため、1992年の小学校及び初級中学の教育課程の改訂をはじめ、1998年の新学期から各省・自治区・直轄市の責任で各教科の学習内容が精選されることとなった[18]。現行の教育課程の規準は2001年に発表されたもので、知育中心の教育についての反省に立ち、子どもの創造性や実践能力の育成に重点を置く「素質教育」の理念に基づいて編成されている。

　1986年の「中華人民共和国義務教育法」制定後、義務教育普及の必要性もあり、それぞれの地域の特徴に適した教育内容が求められるようになった。この時期から就学齢期に当たる児童の就学率は順調に伸び、将来の9年制義務教育の普及を見据え、国民全体の「素質」を向上させるための教育改革が進められた。これらによって、中央政府はカリキュラム・教科書編集の方針を改め、「一綱一本」[19]から「一綱多本」[20]に、また地方の事情によって「多綱多本」へと変わったのである。従来まで、教科書は国家教育委員会の直属機関である人民教育出版社が1種類の全国共通教科書を作成し、全国で使用されてきたが、1993年からは各地方・学校の実情に合わせて教科書の使用が許されるようになった[21]。

2）少数民族教育の現状

　1949年の中華人民共和国の成立は、少数民族教育の発展の契機ともなっている。中国政府は少数民族教育の最近50年間の発展を中国の教育事業が貫いた民族平等、団結、共同繁栄という民族政策の成果であるとみなし、これらはすべて中国社会主義の優越性と見ている[22]。

第一章　中国におけるモンゴル民族とモンゴル民族教育

　中国において、民族教育とは、少数民族教育の省略であり、特に漢民族以外の 55 の民族に対して実施する教育を指す[23]。岡本は、中国の民族教育の中で、各地域や民族ごとの比較ができるほど全国に幅広く実践されているのは、各民族の母語教育に留まっていると述べている[24]。

　少数民族教育は、少数民族と民族地域の発展を目的としている。そのために政治や経済などの領域で活躍する人材を養成し、少数民族の「素質」を高め、少数民族と民族地域の発展と繁栄に奉仕することが求められるのである[25]。

　少数民族に関して、「中華人民共和国憲法」の第 119 条には「民族自治地方の自治機関は、自主的に当該地方の教育、科学、文化、衛生、体育事業を管理し、民族の文化遺産を保護・管理し、民族文化を発展・繁栄させる」と記されている。中国では 55 の民族を少数民族と称しているが、居住範囲が広く、それぞれの自然環境に適応した独自の生活様式を営んでおり、独自の伝統文化を形成してきた。そのため、各少数民族の歴史や文化に基づいて、それらの伝統を尊重しつつ平等を基本として民族政策を立案することが望ましいのである。

　また、少数民族地域の発展のために中国政府が早くから重視したのは、少数民族の教育の向上である。中国では一般的に「教育は政治と経済の道具である」と位置づけられており、だからこそ、少数民族の教育理念を検討するにあたって、中国政府の発言などを分析することが不可欠なのである[26]。

　王錫宏は中国の民族問題を解決するために、政治的、経済的、教育的手段という三つの手段を取り上げ、その中では特に、少数民族出身の各種人材の養成を強調するには、教育的手段は欠かせないという。いわゆる少数民族幹部[27]の養成を最も重視している[28]。

　中国政府は少数民族の人材ならびに民族幹部を養成するために、1951 年、北京に中央民族学院を創設した。中国の民族学院は高等教育の範囲に入る。しかし「大学」と「学院」の名称については、文系・理系にまたがる基礎的な学科（文学、歴史学、哲学など、及び数学、物理学、化学など）のある機関を「大学」としている。他方、応用的な学科（法学、経済学、工学、農学、医学など）のある機関を「学院」とし、多くは法学院、工学院などとひとつの領域

でひとつの機関をなしていた。また「大学」や「学院」での課程は4-5年制の「本科」と2-3年制の「専科」に分かれている。つまり、民族学院の中には「本科」も「専科」も存在するのである。なお、「専科」のみからなる高等教育機関は「高等専科学校」と呼ばれる[29]。

　1951年に誕生した中央民族学院は延安民族学院を引き継いだものである。この延安民族学院は中国史上最初の少数民族高等教育機関である。中国近代の少数民族高等教育の起源は、清朝末期1908年に成立した満蒙高等学堂まで遡ることができるが、中国共産党はこれを少数民族高等教育機関として認めていない[30]。中央民族学院の誕生と同時期に、全国各地に数十にものぼる民族学院が設立された。

　少数民族の人材を大量に養成するため、民族学院以外にも、高等教育機関に民族班や民族予科班を設置して、少数民族出身の学生を受け入れた。民族班とは大学における少数民族学生のために設けられたクラスであって、この制度は1980年代から本格的に始まった。1980年代に主要大学である、北京大学、精華大学、北京医科大学、大連理工学院、陝西師範大学が少数民族出身の学生を漢民族出身の学生より点数を低くして募集した。一方、民族予科班とは、民族学院における大学へ進学するために設けられたクラスである。民族予科班の歴史は長く、1953年から中央民族学院で実施された[31]。民族班と民族予科班に関して、「中華人民共和国区域自治法」の第71条では、以下のように示している。

　　「国は民族学院を設立し、高等教育機関には民族班と民族予科班を設置し、主に少数民族の学生を受け入れる。また学生定員を定め、就職を保障する方法を採用する。高等教育機関と中等専門学校は新入生を選考する際、少数民族出身の学生に対して、その中でも特に人口が少ない少数民族出身の学生に対しては優遇政策を実施する。各級の人民政府と学校は、家庭の経済状況が悪い少数民族出身の学生を援助し学業を修了させる。」[32]

中央民族学院は 1993 年 11 月 30 日、国家教育委員会の批准を経て、中央民族大学へと改組された。この改組は、中国政府による少数民族教育に対する配慮及び、中央民族学院自身による規模の拡大、質の向上への努力の結果とされている。単なる名称変更ではなく、少数民族に対する高等教育を大学のレベルで行うという中国政府の意図を示している。現在、多くの「学院」は学科を拡大して、総合化を図る「大学」をめざしている[33]。

小川佳万は民族学院の総合大学化について、各少数民族を見捨てるものではなく、少数民族地区を漢民族地区と同じレベルにするという積極的な意味を見出している[34]。少数民族の歴史や文化の継承、またその発展のために欠かせないのが、民族学院である。しかし、民族学院が総合大学へと移行することによって、少数民族地区と漢民族地区の学校制度が同等に扱われることとなり、民族教育の特徴が薄れる可能性もある。

2 中国におけるモンゴル民族の歴史と現状

（1）モンゴル民族の置かれている現状

周知の通り、モンゴル民族といえば 13 世紀にチンギス・ハーンに率いられてアジアからヨーロッパに跨る帝国を築いた遊牧民族である。

狭義ではモンゴル国の大多数を占めるモンゴル民族と内モンゴル自治区に居住するモンゴル民族を指すが、広義では、ロシア連邦にあるバイカル湖周辺のブリヤートモンゴル民族、ボルガ川下流域のカルムイクモンゴル民族と内モンゴル自治区領域以外に居住しているモンゴル民族をも含むものである。

モンゴル民族は、広大な土地を支配した歴史的経緯から、現在も居住範囲が非常に広く、内モンゴル自治区、東北地方と西北地方の八つの省・自治区に自治地方をもつほか、中国南方にもある程度の人口が居住している。

その中で、内モンゴル自治区の人口は約 2471 万人（2010 年末）であり、モンゴル民族の人口は約 402 万人である。内モンゴル自治区の名称から、モンゴル民族が多数を占めていると一般的に思われがちだが、モンゴル民族の人口は同自治区の約 16％ に過ぎない。他の少数民族の人口が 3.8％（約 90 万人）

であり、残りの約 80％ を占めるのが漢民族である[35]。内モンゴル自治区の首府はフフホト（xöxehota・呼和浩特）市で、モンゴル語で「青い城」を意味する。政治、経済、教育、工業などの中心地でもある。東西に長く伸びており、東から順番に黒竜江省、吉林省、遼寧省、河北省、山西省、陝西省、寧夏回族自治区、甘粛省と南に接し、北はモンゴル国、ロシア連邦と接している。

中国国内に住むモンゴル民族の総人口は 580 万人で、内モンゴル自治区内に居住しているのは 403 万人で、内モンゴル自治区総人口の 16％を占める。

内モンゴル自治区の気候は大陸性乾燥気候であり、冬の季節は寒気で、西と東の気温の差が大きい。西はゴビ砂漠のため夏の平均気温は 20 〜 25 度で、雨はほとんど降らない。冬の平均気温はマイナス 15 〜 20 度で、雪も少ない。しかし東部では大草原ステップ地帯であるため、夏の 7 月の平均温度は 15 〜 23 度で西部より雨量が多い。冬の平均温度はマイナス 25 〜 30 度であり、もっとも気温が低いときはマイナス 40 度にも達することがある。9 月から雪が降る場合もあり、12 月から 2 月にかけて雪がもっとも多く、大寒波になることもある。地形は砂漠と高原であるため、年降雨量が東部では 400 ミリ、西部では 150 ミリしかなく、近年は干ばつになることも珍しくない。

経済面では農業・畜産業を主要な産業としている。主要な農産物はそばで、日本へも輸出されている。2009 年の GTP は 1420 億ドルで、前年より 17％も伸びている。豊富な石炭と天然ガスのほか、レアメタルなどの産出量は国内最大である。石炭は年間 5 億トンの産出を目指す。現在、高い経済成長期の真っ只中にあり、ほかの中国都市と同じように商業施設やマンション建設ブームとなっている[36]。

内モンゴル自治区に居住する 403 万人のモンゴル民族は、モンゴル民族学校に通い、民族教育を受けてきた。漢民族は漢語を母語として、漢民族学校に通う。モンゴル民族学校では、漢語をひとつの教科として学習するが、モンゴル語をひとつの教科として導入している漢民族学校は極めて少ない。モンゴル民族は自民族のことばと文字を持っており、「内モンゴル自治区」のモンゴル語での表記は次の通りである。

日本語
内モンゴル自治区

モンゴル語

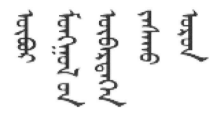

(Öbür mongɤul-un öbertegen jasaqu orun)

漢語
内 蒙 古 自 治 区
(Nèi Měnggǔ Zìzhìqū)

図 1-1 モンゴル語、漢語と英語で書かれている看板
(2009 年 3 月 著者撮影)

もうひとつ、内モンゴル自治区での特徴と言えば、公的な場所の表示や資料はモンゴル語と漢語の両方の言語で書かれる場合が多いことである。例えば、図1-1の通り、「中国郵便局」は左側がモンゴル語で、右側が漢語と英語で表記されている。

（2） 中国におけるモンゴル民族の歴史
1） モンゴル帝国時代までのモンゴル民族

紀元前からモンゴル民族はモンゴル高原からゴビ砂漠にかけての幅広い地域に渡って居住し、遊牧生活をしていた。モンゴル高原を舞台にモンゴル民族の祖先[37]と言われる匈奴、鮮卑、柔然など遊牧騎馬民族が興亡を繰り返してきた。12世紀の中ごろ、モンゴル高原の各地には数多くのモンゴル系やトルコ系部族が割拠し、争っていたが、モンゴル部族の一氏族のテムジンが1189年にモンゴル諸氏族を統一した[38]。1206年にテムジンには、チンギス・ハーンという称号が贈られ、モンゴル帝国が正式に成立したのである[39]。その後、モンゴル帝国は広域に拡大し勢力を伸ばしていった。

13世紀以前まで「モンゴル」は地域のひとつの部族の名称であった。民族としての基盤が確立されたのは、チンギス・ハーンによって、草原の諸部族が統一されてからである。1206年がモンゴル帝国建国の年であり、チンギス・ハーンがモンゴルと総称される氏族集団の出身であったため、新しい遊牧部族連合の名前がモンゴルとなった。その年から、現代のことばで言われているモンゴル「民族」が誕生した[40]。また、この時期に現在使用されているモンゴル文字も作られた。

それ以前は唐、宋代の中国資料に記述があるが、そこでの漢字表記は「蒙兀」、「蒙瓦」、「盟古」、「朦古」などさまざまであった。明朝以後、「蒙古」に統一されたという説がある[41]。

帝国崩壊後もモンゴル民族は広い地域にわたって勢力を保っていたが、その後、清朝時代に満州民族に支配された。モンゴル宗家のリグダン・ハーンが西方に移動したのは、清朝皇帝ホンタイジの圧迫を受けたからである[42]。

2) 清朝時代から現在までのモンゴル民族

　清朝は満州民族が建てたものであり、成立当初から、満州、モンゴル、漢の三つの民族が主だった。清朝はモンゴル人に対しても八旗制[43]を導入した。もともと満州人は全て八旗に所属していた。八旗は軍事制度であるとともに行政制度でもあった。八旗に所属するモンゴル人や漢人は、満州人と同じく旗人と呼ばれ、出身に関係なく、清朝一代の間、行政上は満州人扱いとなっていた[44]。そのため、清朝末期になると内モンゴルの王公たちの運命はすでに清朝と一体化していた。

　1902年頃、清朝はこれまでのモンゴル地域を保護する方針を一変させ、漢人の入植を奨励し、内モンゴル諸部では牧地の減少がはなはだしいものであった。このような状況に対して、ハルハ（現在のモンゴル国の地域）住民は不安を抱き、清朝に対する不満が高まったのであった[45]。

　1911年10月に辛亥革命がはじまり、その直後の12月にハルハ住民は、活仏8世のジェブツンダンバを皇帝とし、全モンゴルの中国からの独立を宣言した[46]。その後、中国、隣国ロシアとモンゴル国の間には葛藤が相次ぎ、1914年9月から翌年7月にいたるキャフタ交渉でモンゴル国は、中国の形式的宗主権のもとで「高度自治」を得ることになった。しかし、ロシア革命後の1919年11月22日に、中華民国北京政府がモンゴル国の高度自治を取り消すと、モンゴル国はソビエト権のもとで「人民革命」をおこし、1924年にはモンゴル人民共和国となったが、中華民国はこれを承認しなかった。他方、内モンゴル地域では、漢民族の植民によって中国の支配が浸透していった[47]。これによって、現在の内モンゴル地域とモンゴル国はさらに分断されていったのである。

　1931年に、内モンゴル東部は「満州国」の領域に入り、一方西部では、日本軍国主義の中国華北への侵略に伴い、1936年5月に徳化（現、化徳）でモンゴル軍政府が成立した。1937年10月にモンゴル軍政府は蒙古聯盟自治政府となり、さらに1939年9月に、蒙古聯盟自治政府は察南自治政府と晋北自治政府と合併して、蒙疆聯合自治政府となった。蒙疆聯合自治政府は「蒙疆

政府」、またはその主席であったデムチュグドンロブ（徳王として知られている）の呼称により、「徳王政府」とも呼ばれる[48]。

　1945年の日本の敗戦後、1946年にオラーンフを代表とする内モンゴル自治運動連合会とボヤンマンダホとハーフンガーらを代表とする東モンゴル人民自治政府のモンゴル自治運動統一予備会議が承徳で行われた。ここでは、中国共産党と内モンゴル人民革命党の主導権争い、及びモンゴル民族による「独立自治」か、中国共産党の指導による「平等自治」（区域自治）か、という自治運動の基本原則をめぐる双方の主張に大きな矛盾があった。1946年4月3日に「内蒙古自治運動統一会議主要決議」（内モンゴル自治区運動統一会議の主要決議）が採択され、内モンゴル自治運動の方針は中国共産党の指導による「平等自治」となり、東モンゴル人民自治政府は解体された[49]。内モンゴル自治運動統一の結果、1947年5月1日に東部の王爺廟（現在のオラーンホト）に内モンゴル自治区政府が誕生した。その後、自治区の管轄区域を次第に西へ拡大すると共に内モンゴル自治区首府を西へ移転させた。1952年6月に首府を張家口から綏遠省の帰綏市に移転させ、1954年4月に帰綏市をフフホト市と名称を改めた[50]。

　1949年の中華人民共和国成立後、政府は各民族自治地方のすべてが中国の不可分の一部であり、多民族統一国家であることを常に強調してきた。中華人民共和国成立初期は、モンゴル民族と漢民族の根強い対立感情に対して特別に注意が払われていた。牧畜地帯では反宗教運動が行われ、生産力増強と牧畜技術改善に努力が向けられた。モンゴル人民共和国との往来も行われ、モンゴル語による出版事業も奨励されていた。

　しかし、1957年に始まった反右派闘争は中国全土におよび、急激な人民公社化[51]の被害を強く受け、1966年に始まった文化大革命では内モンゴル自治区は一層の被害にあった。モンゴル語教育が停止され、多数の文化遺産が破壊された。1969年、中ソ対立の紛争の際にも、内モンゴル自治区とモンゴル人民共和国の関係にも警戒が払われ、1970年には、内モンゴル自治区のいくつかの地域がそれぞれ隣接している省や自治区に分配された。このように

して、内モンゴル自治区の領域はほとんど三分の一に縮小された。1979年には分配された地域はもとに戻されたが、すでに1980年代の時点で、内モンゴル自治区の人口の85%が漢民族で、モンゴル民族の人口が13%となっていた。人口の圧倒的多数が漢民族になったため、モンゴル民族が漢語を使用せざるを得なくなった。そのため、モンゴル語話者は減少の一途をたどることとなった[52]。

第二節　モンゴル民族教育の歴史的展開

　本節では、モンゴル民族教育を中華人民共和国の成立以前と以後に分けて検討する。中華人民共和国成立以前においては、19世紀以前、清朝末期（1900年代）、中華民国期の3期に分けて整理する。中華人民共和国成立以後においては、1949年から1956年まで、1957年から1965年まで、1966年から1976年まで、1977年から1990年代まで、1990年代から現在までと五つの時期に分けて記述する。

1　中華人民共和国成立以前

　モンゴル民族は遊牧民族であり、移動生活を続けてきた。そのため書籍を使用するより、伝統を厳守するために親が子どもに口頭で伝えるのが一般的な教育の形式であった。このように、子どもに伝統文化を伝えることに限らず、遊牧生活上の常識や経験を教えることも大事な教育の様式であった。正式に文字を使用するようになったのは、13世紀になってからと伝えられている。しかし、当初のモンゴル文字の学習は一般庶民までは広がらず、王侯貴族の間に留まっていた[53]。

　16世紀以降、インド起源であるチベット仏教がモンゴル大草原に伝播され、広がった。当時の遊牧民は、長期間にわたり、戦争を繰り返してきたため、平和を強く求め、宗教に関心を持ち始めた。この時期、仏教による寺院教育が教育の中心となっていた。チベット仏教による教育は寺院で大勢の学生を募集し、

モンゴル語、チベット語と仏教経典を教えていた。チベット仏教ではラマ（チベット仏教の僧侶）に対する結婚が禁じられているため、その裏ではモンゴルの人口を抑制し、その膨大な軍事力を削減させる目的もあった。末っ子以外の男子全員がお寺に入り、ラマになることが決められ、寺院では、モンゴル語とチベット語の読み書きを習うと同時に数学、天文学、医学なども勉強していた[54]。

ハスバガナは、清朝のモンゴルに対する教育宗旨はモンゴルの同化であるという。その同化の措置として、軍事的弾圧、ラマ教による精神的麻痺、移民によるモンゴル地域への蚕食、行政手段による分割と人事制度によるモンゴル上層に対する腐敗などが挙げられる。その中で、教育はもっとも影響力が強いものであった[55]。

清朝下の内モンゴル地域の教育システムは漢民族の教育システムと同様、近代前教育制度であり、その象徴は科挙制度で、重要な形式は官学、私塾及び寺院であった[56]。清朝は満州民族が建て、成立当初から満州、モンゴル、漢の三つの民族によって構成されていた。清朝は1636年のモンゴル征服以後、「盟旗制度」[57]を厳格に実施していた。その中でも特に内モンゴル地域はモンゴル国と比較しても清朝にあらゆる面でより強く統制されていた。こうした違いが、清朝崩壊後の内モンゴル地域とモンゴル国の運命を分けた。清朝はモンゴルを統治するため教育面にも力を入れた[58]。

清朝時代のモンゴルには主に官学、私塾、寺院学校などの教育機関があった。これらの教育機関には、推薦されてきた者と、希望して入学したモンゴル八旗の貴族の子ども、庶民、ラマなどがいた。モンゴル語、満州語、チベット語、漢語といった言語と、数学、天文学、気象、工芸、仏典などの学習をしていた。彼らは卒業後には主に翻訳、通訳や宗教の仕事に就いていた[59]。

官学を設立できないモンゴル王侯たちは教師を自分たちの家に招き、子どもたちにモンゴル語を教えていた。その他に、寺院ではラマたちにモンゴル語、チベット語を学ばせていた。仏教の一種であるラマ教がチベットからモンゴルに広がり、当時、僧侶に対する教育が中心となっておたり、官学に通えない

子どもたちは寺院で、モンゴル語を学習することもできた。清朝時代の有名な文学者、翻訳者、科学者、技術者たちは、ほとんど寺院で教育を受けたラマたちであった[60]。

1890年代初頭には、モンゴルには近代学校はなく、寺院教育が唯一の知識層を育成していた。このような社会状況に直面して、モンゴル地方に特に日本の近代的な教育制度を取り入れたのは、当時、内モンゴルのハラチン右旗の旗長グンセンノロブ[61]である。清朝末期に内モンゴルの教育改革、特に近代教育を推進したグンセンノロブの設立した学校は崇正学堂、守正武学堂、及び毓正女学堂の三種類の学堂であった。崇正学堂では1902年から1931年にわたり、モンゴル語が最重要視された。守正武学堂は1903年に設立されるが日露戦争後は閉校された。そのカリキュラムは全体的に日本の兵学校の教科書を使用し、日本から教師を招聘してすべての授業は日本語で行なわれていた。毓正女学堂は1903年に設立されたが、満州事件後は崇正学堂と統合された。この学堂も日本の女子教育を模倣しており、そこではモンゴル語、漢語を教えていたが、日本語が最重視されていた。グンセンノロブの教育改革は、清朝政府の「封禁」策[62]とラマ教政策の克服を図ろうとした点に特色があった。このように、グンセンノロブの教育改革は内モンゴル地方の近代化を推進させ、グンセンノロブの三学堂がモンゴル社会復興の人材を養成したのである[63]。

中華民国におけるモンゴル民族の教育は学校数や教育内容の面で、清朝時期より急速に発展した。中華民国初年には、近代学校が増え、また中学教育、師範教育、職業技術教育、高等教育も発展した[64]。その中でも有名な民族学校は1913年にグンセンノロブが創建した「北平蒙藏学校」（現在の中央民族大学附属中学の前身）である。この学校はモンゴル民族とチベット民族の学生を募集し、漢語、モンゴル語、数学、歴史、地理、自然などの授業を行っていた[65]。

1931年9月18日、日本が満州事変をおこし、「満州国」を樹立した。「満州国」は中国の東北の三省を支配していたが、実に、その五分の二がモンゴル地域であった。「満州国」の時期には、モンゴル民族の教育は日本の教育制度

から影響を受けた。劉世海は当時の教育を時系列に二段階に区分している。第一段階は 1931 年から 1936 年までで、この段階ではモンゴル民族の伝統文化が否定されて、植民地主義に基づいていた点が特徴である。第二段階は 1937 年から 1945 年までで、この段階では「新学制」を強力に取り入れた点が特徴である。「新学制」のもとにおいて、小学教育では「四二制」を採用し、前半の 4 年間を「国民学校」と呼び、後半の 2 年間を「国民優級学校」と呼んでいた。中学教育はそれまでの 6 年制を 4 年制に短縮し「国民高等学校」と呼び、高等教育はもとの 4 年制を 3 年制に変更した[66]。

2　中華人民共和国成立以後

中華人民共和国成立以後、モンゴル民族教育は少数民族教育という枠で行われたため、少数民族教育を中心として説明する。1949 年から今日までの少数民族教育の時期区分を五期に分けて検討する。第一期から第四期までの時期区分は中国政治史の展開にあわせて周飛帆[67]による整理を参照し、第五期については、本書で新たに付け加えた。

（1）第一期（1949-1956 年）は、少数民族教育の確立と発展の時期である。建国以来、民族教育に関する最初の法的規定は、1949 年に臨時の憲法として制定された「中国人民政治協商会議共同綱領」（中国人民政治協商の会議に関する共同綱領）である[68]。

そこでは、「中華人民共和国の各民族はすべて平等である。各少数民族の居住地方では、民族区域自治を実施する。各少数民族は言語文字の発展、風俗習慣の保持や改革及び宗教信仰の自由を有する」と書かれていると同時に「人民政府は各少数民族の人民大衆を援助して、それらの政治、経済、文化と教育の事業を発展させなければならない」[69]と規定されている。

1952 年に「中華人民共和国民族区域自治実施綱要」（中華人民共和国の区域自治実施に関する要綱）が公布され、その中には「各民族の言語、文字を用いて、各民族の文化、教育事業を発展させることができる。必要かつ適切な手

段と方法を採用し、各民族の文化、教育、芸術、衛生の事業を発展させなければならない」[70]と規定されている。

　この時期の少数民族教育は「黄金時期」と呼ばれ、周飛帆[71]はこの時期の少数民族への教育方針に関して、少数民族の政治行政の幹部養成と、教育普及という二つの側面があったと見ている。

　まず、幹部養成の基本理念に関しては以下の通りである。

　少数民族教育を発展させるために公布した最初の重要な試案は、1950年8月24日に、政務院第60回会議で発表された「培養少数民族幹部試行方案」（少数民族幹部の養成に関する試行案）、「関于設立中央民族学院試行方案」（中央民族学院の設立に関する試行案）である。「培養少数民族幹部試行方案」では、「国家建設、民族地方の自治と共同綱領の施行のために、各少数民族の幹部を中心的に育てなければならない」という目的を強調すると同時に、政治に関する知識を学ぶ講座を開き、一般的な幹部を育てることを主とし、専門や技術の幹部を育てることを補足的なものとするという方針が示されている。一方「中央民族学院の設立に関する試行案」では、中央民族学院の主要な任務は民族地方の自治、政治や経済と文化の発展のために幹部を育てることであると規定した。この両試行案で強調されたのは、国家建設のために民族地方の自治、政治や経済と文化の発展のために幹部を育てることであった。

　次に、教育普及という側面に関しては以下の通りである。

　第一に民族性の尊重を強調している。具体的には、初等教育から高等教育まで一貫した民族教育機関を整備し、民族語による授業を行うことと、教育費用の免除などの少数民族に対する優遇措置である。また教育行政に関しては、各級人民政府の教育行政部門に少数民族教育の行政指導を行う機関を設け、中央教育部には民族教育機関を設置するほか、主たる都市と少数民族人口の多い地区には行政指導の専門家を配置するなどとして、少数民族教育の体制を改善するために機構上の整備を行った[72]。

　この時期のモンゴル民族教育を概観すると、1949年から中国政府はモンゴル民族の言語、文化を保護し、発展させる政策をとったため、1950年代前半

は内モンゴル自治区においてモンゴル語が重視され、民族学校は徐々に増えていった。それに伴い、モンゴル語の教科書をはじめ、モンゴル語の出版物も増加した。しかし、少数民族の幹部養成と教育普及という政策は、モンゴル民族教育にとって教育機会の拡大になったものの、多くの地域に教員不足などの問題が生じ、教育普及までには至らなかった。またモンゴル語が話せない、或いはモンゴル民族教育にあまり興味を示さない漢民族教員の採用が増加していた[73]。

（2）第二期（1957-1965年）は、経済の飛躍的発展をめざして、「地方民族主義」批判が始まった時期である。この時期は農業協同化がさらに進められ、いわゆる人民公社がうまれた時期でもある。そして、教育の分野においても「大躍進」の名にふさわしい変化が見られた。

この時期、反「地方民族主義」運動が展開され、「民族融合」政策へ急速に傾いていた。少数民族の自治要求は事実上排除され、特に1959年のチベットでの動乱や新疆ウイグルの「東トルキスタン独立」運動などがさらに「民族融合」論を加速させた。この時期、多くの漢民族が、国家建設の名のもとに少数民族地域に移住し、人口構成に大きな変化をもたらした。こうした中で多くの民族学校が統合され、授業用語を漢語にすりかえる運動が展開された[74]。少数民族の教育政策は、多様な学校形態で教育が進められた一方で、特に辺境の少数民族地域に対しては、「全国統一の方針」に従うように求めていった[75]。内モンゴル自治区の教育に関しては、「蒙漢兼通」（モンゴル語・漢語の両方に通じる）なるスローガンが打ち出され、モンゴル民族が学校教育で漢語を身につけることが求められた。短期間で「蒙漢兼通」を達成させるため、モンゴル民族学校における漢語学習の開始時期は、突如1958年から早められた。内モンゴル自治区では、モンゴル語で授業を行う小学校は4年生から漢語の授業を週4コマ行うよう定められ、翌1959年には、漢語の学習時間を小学校3、4年生で週4コマ、5、6年生で週5コマと増やし、モンゴル語で授業を受けた小中学生に対して、卒業や進学試験に漢語を加えるように定めた。またモン

ゴル語で授業を行う初級中学の教授言語に関しては、政治、歴史、地理の授業をモンゴル語で教え、数学、理科、化学などの授業を漢語で教えるように、内モンゴル自治区教育庁が指示した[76]。

（3）第三期（1966-1976年）は、文化大革命の時期である。1966年から始まる文化大革命は、少数民族教育の重点を経済的発展から、毛沢東思想を実践する方向へと移向した。すなわち「民族問題は階級問題」とされ、民族的なものはすべて否定されたのである。建国以来、「各民族の平等、差別と圧迫の禁止」の原則が憲法で承認されていたにもかかわらず、民族地区の特殊性は無視された。内モンゴル自治区では、モンゴル民族学校の停止、さらにモンゴル語は無用な言語であると否定され、多くのモンゴル民族教師が迫害されたのである[77]。

（4）第四期（1977-1990年代）は、少数民族教育の新発展の時期である。この時期の特徴は「四つの現代化」[78]政策である。1977年8月、中国共産党第11期全国代表大会は、10年の長きにわたった文化大革命が正式に終止したと宣言した。「四つの現代化」に従って、再び教育重視の方向に政策が転換した。

1984年に採択された「中華人民共和国民族区域自治法」（中華人民共和国の民族区域自治に関する法律）は、少数民族教育に画期的な意義をもつものであった。これにより、各民族の自治機関が自主的に民族教育を発展させるために、独自の教育計画、学校の設置、学制、学校運営、教育内容、使用言語、学生の募集方法を定めることができるようになったのである[79]。

1980年に内モンゴル自治区教育庁が「関于回復和発展民族教育的意見」（民族教育の回復と発展に関する通達）を出した。そこで、モンゴル民族教育の重要性が強調され、モンゴル語のできる児童にはモンゴル語で教授し、モンゴル語のできない児童には漢語で教授すると同時に、モンゴル語をひとつの科目として教える必要があると定めた。1980年代初期の内モンゴル自治区は、

1950年代に次ぐ第二の民族言語や文化、民族教育の発展の時期を迎えた。民族学校は大幅に増加し、モンゴル語による教育も全面的に復活した[80]。ただし、胡春梅はこの時期のモンゴル民族教育を漢語重視、モンゴル語軽視の姿勢は完全に払拭されたわけではないと批判する。初級中学3学年から教授言語をモンゴル語から漢語に変えていき、数年後にはすべての教科を漢語で教えられるようにすることが、当時の民族教育政策の中心的な目的だったという[81]。

（5）第五期（1990年代から現在まで）は改革開放が進展した時期である。1980年代初期に始まった市場経済への移行は、1990年代にさらに広がりをみせた。このような高度成長に伴う諸問題や社会矛盾がすでに多発している中国ではとりわけ、沿海地域と内陸との間の問題、少数民族地域の経済的自立の問題、市場経済による民族伝統文化破壊の危機の問題が生じている[82]。1990年代以降のモンゴル民族教育に関しては、第四、五章で詳しく検討する。

まとめ

本章では、中国における少数民族の位置づけ、中国政府の少数民族や少数民族教育に対して行った政策、また少数民族のひとつであるモンゴル民族教育の歴史的展開を概観した。1949年、中華人民共和国成立以後、政府は統一された多民族国家と称し、各民族の平等と団結を掲げて、少数民族教育も重視されてきた。少数民族教育の政策のひとつとして、少数民族の幹部養成と民族学院の設立を重視した。民族学院は少数民族の歴史・文化の継承や民族の人材養成に欠かせない教育機関であった。しかし、民族学院が大学に統合されるようになり、少数民族の歴史・文化の特徴が薄れはじめた。

また、歴史的にモンゴル民族は、13世紀になって文字をもつようになり、モンゴル文字の学習が始まったが、それは王侯たちの間だけに留まり、一般庶民までには普及せず、庶民が教育を受けられるようになったのは、寺院教育が始まった16世紀以降である。しかし、ラマになると結婚が禁止されたこと

が人口の抑制になり、軍事力を削減させ、またモンゴルの人々はラマ教により精神的に麻痺させられたのである。その後、清朝時期からモンゴル民族は少数民族として統治され、1911年の辛亥革命後は中華民国の統治下に入った。1931年「満州国」が樹立後、内モンゴル自治区は「満州国」の支配に入った。1949年になり、中国の少数民族として取り扱われるようになった。このように、中国におけるモンゴル民族は清朝時代から現在まで、さまざまな道を歩んできた。その過程でモンゴル民族のことばや伝統文化、教育やモンゴル語の面であらゆる影響を受けるようになったのである。

注

1) 中国研究所編『中国年鑑』大修館書店、2015年、277頁。
2) 宇野和夫「多様な少数民族の世界」鄭杭生・奥島孝康『中国の社会』精文学堂印刷株式会社、2002年。
3) 毛里和子『周縁からの中国―民族問題と国家』東京大学出版会、1998年、58頁。
4) 同上書、74頁。
5) スターリン全集刊行会訳『普及版・スターリン全集』第2巻、大月書店、1953年、329頁。
6) 平田幹郎『中国を読む事典』古今書院、2002年、45頁。
7) 同上書、47頁。
8) 陳中漢・額爾登「民族区域自治」布赫主編『民族理論与民族政策』内蒙古大学出版社、1995年、82-84頁。
9) 毛里和子、前掲書、43-44頁。
10) 日本国際問題研究所中国部会編『新中国資料集成』第3巻、中国国際問題研究所、1969年、422頁。
11) 同上書、238-239頁。
12) 中華人民共和国教育部編『共和国教育50年』北京師範大学出版社、1999年、641頁。
13) 全国人民代表大会とは、中華人民共和国の一院制議会で国家の憲法上の最高機関であり、中国の基本的政治制度である。1953年、新中国建国後初の総選挙が行われた。全国人民代表大会を基礎として、地方の各級人民代表大会が開催される。
14) 中華人民共和国教育部編、前掲書、254-266頁。
15) 教育実践の中で客観的に存在している、教育を受ける側と社会発展の実際の需要から離れ、単に試験に対処するために、一方的に進学率を追求し、高い点数を獲得するための受験教育を指す用語。
16) すべての子どもに目を向け、その基本的な資質を全面的に伸ばすことを根本の主旨と

し、子どもの態度、能力に重点を置きながら、徳・知・体において主体的に成長させることを基本的な特徴とする教育。

17) 小島麗逸・鄭新培『中国教育の発展と矛盾』御茶の水書房、2001 年、96-97 頁。
18) 『諸外国の教育改革―世界の教育潮流を読む　主要 6 か国の最新動向―』ぎょうせい、2000 年、235-236 頁。
19) 「一綱一本」とは、ひとつの大綱、一種類の教科書という意味である。綱とは「教学大綱」のことであり、日本の学習指導要領にあたるものである。
20) 「一綱多本」とは、ひとつの「教学大綱」で多種類の教科書を編纂することができるという意味である。
21) 包満都拉『日本の総合学習と中国の素質教育に関する一考察』上越教育大学修士論文、2001 年、10 頁。
22) 中華人民共和国教育部編、前掲書、435-436 頁。
23) 多文志「加快発展少数民族地区経済和社会事業」布赫主編『民族理論与民族政策』内蒙古大学出版社、1995 年、115 頁。
24) 岡本雅享『中国の少数民族教育と言語政策』社会評論社、1999 年、101 頁。
25) 王錫宏「中国における民族問題と教育の構造」『東京学芸大学海外子女教育センター研究紀要』第 10 集、1999 年、97-113 頁。
26) 牧野篤「教育道具主義の行方」『教育学年報』第 4 巻、世織書房、1995 年。
27) 中国の「幹部」という用語は日本語よりも対象範囲が広いことは注意する必要がある。例えば各職場・学校には共産党の組織が入っていて、そこでの書記なども幹部であり、工場の中の管理部門にいる人も幹部に入る。具体的な場面では微妙なところもあるが、これが幹部の大まかな輪郭である。
28) 王錫宏、前掲書。
29) 小川佳万『社会主義中国における少数民族教育―「民族平等」の理念の展開』東信堂、2001 年、55-56 頁。
30) 同上書、56-59 頁。
31) 小川佳万、前掲書、76-79 頁。
32) 中華人民共和国民族区域自治法　http://www.legalinfo.gov.cn/fagui/sudi/sudi019.htm（2010 年 4 月 27 日現在）
33) 小川佳万、前掲書、56 頁。
34) 同上書、82 頁。
35) 内蒙古自治区統計局編『内蒙古統計年鑑 2014』中国統計出版社、2014 年。
36) 内蒙古概況
http://intonmg.nmg.gov.cn/channel/zjnmg/col6722f.html（2010 年 11 月 8 日）。
37) liü jin süwi nayiraɣulun jokiyaba《mongɣul-un quriyangɣui teüke》öbür mongɣul-un arad-un keblel-ün qoriya.
　・liü jin süwi《mongɣul ündüsüten-ü tobči teüke》öbür mongɣul-un arad-un keblel-ün qoriya、1978on.
　・民族問題研究会編『蒙古民族問題』民族出版社、1993 年。
38) tiywiju・qaraluu nayiraɣulun jokiyaba《mongɣul ündüsüten-ü tobči teüke》

öbür mongɣul-un arad-un keblel-ün qoriya、1999on、1-4 duɣar niɣur。
39) 同上書、8-12 頁。
40) 宮脇淳子『モンゴルの歴史―遊牧民の誕生からモンゴル国まで』刀水書房、2002 年、76 頁。
41) 民族問題研究会、前掲書、1 頁。
42) 宮脇淳子、前掲書、175 頁。
43) 清朝独特の軍事・行政組織。旗の色は正黄・正紅・正白・正藍・鑲黄・鑲紅・鑲白・鑲藍の 8 隊に分類されたことからこのように呼ぶようになった。清の太祖がはじめてこの兵制を立てたのは、1961 年とされている。最初は満州八期のみであったが、太宗の時になってモンゴル八旗と漢軍八旗ができたのである（宮脇淳子、前掲書、178 頁）。この盟旗制度がモンゴル民族、特に内モンゴルの民族に適用された。現在、内モンゴル自治区でも盟、旗という用語が使用されており、盟はいくつかの旗から成立されている。
44) 宮脇淳子、前掲書、178-179 頁。
45) tiywiju・qaraluu、前掲書、227-229 頁。
46) 内蒙古社会科学院歴史研究所蒙古族通史編写組編『蒙古族通史（下巻）修訂版』北京民族出版社、2001 年、290-292 頁。
47) 盧明輝『清代蒙古史』天津古書出版社出版、1990 年、442-450 頁。
48) 内蒙古社会科学院歴史研究所蒙古族通史編写組、前掲書、437-440 頁。
49) 同上書、460-467 頁。
50) 同上書、480-481 頁。
51) 人民公社とは中国の農業集団化のための組織である。農村での行政と経済組織が一体化（政社合一）されたものでる。1858 年に毛沢東国家主席の指導の下に、大躍進運動の開始と共に合作者の合併により組織され、生産手段の公社所有制に基づく分配制度が実施される。これにより農村では、人民公社と呼ばれる地区組織をひとつの単位とした社会の中でその全ての住民が生産、消費、教育、政治など生活のすべてを行うようになった。1978 年の生産責任制の導入と 1982 年の憲法改正により人民公社は実質的には機能しなくなる。
52) 宮脇淳子、前掲書、256-258 頁。
53) 内蒙古社会科学院歴史研究所蒙古族通史編写組、前掲書、139-142 頁。
54) 『蒙古民族全史』内蒙古民族出版社、1990 年、2049 頁。
55) ハスバガナ「清朝時代のモンゴル族教育と言語教育」『東京大学大学院教育学研究科紀要』第 40 巻、2000 年、89-116 頁。
56) 劉世海『内蒙古民族教育及発展戦略概論』内蒙古教育出版社、1993 年、1 頁。
57) 「明旗制度」とは、清朝政府がモンゴル諸部を征服したあとに、モンゴルの伝統的政治体制と所属関係を取り消して創立した行政制度である。基本的な機関は旗（hushuu、ホショー）。旗にはジャサグ旗、総官旗、都統旗とラマ旗の 4 種類ある。旗ごとに牧地が指定され、その地域を越えた遊牧は禁止されていた。いくつかの旗の上にひとつの盟（chuulgan）を設置する（盟を設置していない旗もある）。
58) 岡本、前掲書、191 頁。

59) namsarai《dayičing ulus-un üye-yin mongɣul-un teüke》öbür mongɣul-un surɣan kümüjil-ün keblel-ün qoriya、1993on、375-376duɣar niɣur.
60) 同上書、381-382頁。
61) 「グンセンノロブ（1872年〜1931年）」の名前の表記は、名の由来に従ってチベット語読みすれば「グンサンノルブ」になるなど、統一されてないのである。本論文では「グンセンノロブ」に統一する。
62) 「封禁」策とは、モンゴル地方を特殊な地域として位置づけ、モンゴル民族の学校設立や漢語学習、さらには他民族との交流などを原則として許可しないことである。
63) 于逢春「清末内蒙古の教育改革と貢王について―いわゆる貢王三学を中心として」『アジア教育史研究』第10号、2001年。
64) 中国少数民族教育史編集委員会編『中国少数民族教育史　第2巻』雲南・広西・広東教育出版社、1998年、92-98頁。
65) 劉世海、前掲書、10頁。
66) 同上書、16-17頁。
67) 周飛帆「中国における少数民族教育政策の歴史的展開」『比較・国際教育／筑波大学比較・国際教育学研究室』第1号、1993年、39-51頁。
68) 1949年9月21日から30日まで、北京で開催された中国人民政治協商会議第一回全体会議によって公布された法令、当時臨時憲法とされていた。
69) 日本国際問題研究所中国部会編『新中国資料集成　第2巻』中国国際問題研究所、1969年、596頁。
70) 日本国際問題研究所中国部会編『新中国資料集成　第2巻』中国国際問題研究所、1969年、第3巻、424頁。
71) 周飛帆、前掲書、39-51頁。
72) 同上書、42頁。
73) 『中国少数民族教育史　第2巻』前掲書、103-107頁。
74) 東郷育子「中国の少数民族教育政策―国民国家統合の視点から（上）」『季刊教育法』第112号、1997年。
75) 周飛帆、前掲書、43頁。
76) 胡春梅『民族教育発展研究』内蒙古教育出版社、2003年、195頁。
77) 同上書、43-45頁。
78) 「四つの現代化」とは、農業・工業・国防・化学技術の現代化を指す。
79) 周飛帆、前掲書、46頁。
80) 『中国少数民族教育史　第2巻』前掲書、152-156頁。
81) 胡春梅、前掲書、197-199頁。
82) 劉世海、前掲書、52頁。

第二章
モンゴル民族教育と歴史・文化の継承

　本章では、モンゴル民族の子どもが民族教育を通して自民族の歴史・文化をいかに学んでいるかを、モンゴル民族学校で使用されている教科書の分析を通して明らかにする。第一節では、モンゴル民族教育のカリキュラム編成とその基本方針を概観する。第二節では、小学校と初級中学で使用される、「モンゴル語」教科書の分析を通じて、モンゴル語教育の内容を検討する。第三節では、小学校の「社会」初級中学の「国語」歴史初級中学の民族教材である「モンゴル民族史」教科書を分析し、各教育内容を検討する。

第一節　教科書編纂と基本方針

　中国における学校教育のカリキュラムは「教学計画」と「教学大綱」と「教科書（教材）」から構成されている。「教学計画」は、主に学校単位における教育課程の設置と設置の順序及び時間などを規定するものである。「教学大綱」は個別教科の学習内容を規定するものであり、主にその教科の目的と各章、節の知識範囲及び実習や実験や宿題などの具体的な実施計画までを規定する、日本の学習指導要領と同等の位置付けにあたるものである。「教科書（教材）」は「教学計画」と「教学大綱」に基づき、授業のために編集された書籍である。モンゴル民族学校では、漢民族学校と同様の「教学計画」の他に教科としてモンゴル語が設けられ、授業は基本的にモンゴル語で行われており、受験なども統一テストの対策を取っている。

　モンゴル民族学校の教育内容は漢民族学校をモデルとしているものが多く、算数・物理などはもちろんだが、民族の特徴をもつ歴史教科書すら、漢語からの直訳となっている。この点については、教科書の編纂制度からの説明が可能

である。

　1949年の中華人民共和国成立後、直ちに学校教材の整理と審査に取り組まれた。これはソビエトの影響を受けたもので、「一綱一本」[1]という事実上の国定教科書制度が採られた。このように「教学大綱」は中央教育行政である教育部の権限において策定、配布し、全国統一性が追求された。したがって、少数民族学校の教科書も例外なく統一性が求められたのである[2]。そして1980年代後半までに、教科書編纂は6度行われてきたが、それは全て教科書を研究し、編纂する専門機関で1950年に誕生した人民教育出版社によるもので、小中高の「教学大綱」の作成とその教科書及び参考書の編纂、出版と発行を一手に引き受けて行なってきた。これは、人民教育出版社以外による教科書、参考資料の編集、発行は一切禁止されていたためである。改革開放の下で、1980年代後半から学校用教科書は「一綱一本」から「一綱多本」に見直され、教科書を自由に執筆し、それを審査して合格したものを教科書として認めるという「審査制度」を実施するようになった。これと同時に、漢語以外の文字で書かれた少数民族の教科書の検定活動も展開されようになった[3]。この改革は、全国で多様な教科書を編纂・発行することが許可されたことと、教科書の「編纂」と「審査」が分離したことを意味するものである。編纂主体が多くの出版社に開かれたものになるに伴い、教科書の審査を行う機関を新設して、教科書の検定を行うこととした。その例として、小学校では「上海版」「沿海版」「河北版」などの社会科教科書が出版され[4]、初級中学では「浙江版」「上海版」「河北版」などの歴史教科書が出版されている[5]。このように、特色の異なる地域に対応した教科書のほとんどが歴史教育に関わる教科書である。これは、歴史教育が重視されていることの表れであるといえよう。

第二節　モンゴル語教育と歴史・文化学習

　本節では、モンゴル民族学校でのモンゴル語教育における民族教育に関わる教育内容を検討するために、モンゴル語で書かれたモンゴル語教科書の分析を

行う。具体的には、1980年後半からの教科書編纂制度改革の中、モンゴル民族の児童・生徒が民族教育を通して自民族の歴史・文化をいかに学んでいるかを考察する。著者自身、民族学校で自民族の歴史・文化を学んだ経験があるため、モンゴル語で書かれたモンゴル語教育の教育内容を検討する。

1　モンゴル民族教育の概観

　モンゴル語教育は、モンゴル民族学校で唯一モンゴル民族の歴史文化を学び、自民族に対する認識を高める教育である。しかし、義務教育段階に英語教育が導入されてから、モンゴル語の授業数は大幅に減らされている。2000年の内モンゴル自治区教育局の文献によると、2001年9月からは民族初級中学では外国語の授業が1学年から必修科目となり、カリキュラムも大幅に変更されている。1年間のモンゴル語の授業時数をみると、小学校では1326コマから136コマ減らされて、初級中学では536コマから134コマ減らされている[6]。小学校では10%強、初級中学では25%の減少である。表2-1及び表2-2は、1950年代から現在までの義務教育段階におけるモンゴル語の授業時数を示したものである。

　ここでは、1980年ごろまではモンゴル語教授クラスと漢語教授クラスに分けられていた学校が多かったことから、モンゴル語教授クラスのみを取りあげることとする。1980年代になると外国語取入れ校と非取入れ校に分けられるようになるが、ここでは外国語取入れ校のみを取りあげることとする。この時期は、主に都市部の学校やその学校内でも、実験クラスのみが外国語を導入していた。

　表2-1からわかるように、1957年から1959年までのモンゴル語の授業数は変わってないが、1960年以降は小学校3、4学年のモンゴル語の授業が13コマから9コマに減少している。これは小学校3学年からの漢語の授業が増えたためであると考えられる。その後は増減を繰り返しながら、2003年になると小学校1学年からモンゴル語の授業が減らされる。表2-1の通り、漢語の開始学年が小学校3学年から小学校1学年とされたことと、英語が小学校段階に入ってきたことによるものと推測される。

表 2-1 学年別週授業時数の推移

言語	学年	57-58年	58-59年	59-60年	62-63年	81年	03年	10年
モンゴル語	小学校1	13	13	13	13	13	9	8
	小学校2	13	13	13	13	13	9	7
	小学校3	13	13	13	13	10	6	6
	小学校4	13	13	9	13	10	6	6
	小学校5	8	8	8	8	7	6	6
	小学校6	8	8	8	8		6	6
	初級中学1	6	6	6	6	5	4	5
	初級中学2	6	6	6	6	5	4	5
	初級中学3	6	6	6	6	4	4	5
漢語	小学校1						3	3
	小学校2						3	4
	小学校3		4	6	4	4	4	4
	小学校4		4	6	4	5	4	4
	小学校5	4	4	5	4	5	4	5
	小学校6	4	4	5	4		4	5
	初級中学1	4	4	5	4	4	4	4
	初級中学2	4	4	5	4	4	4	4
	初級中学3	4	4	5	4	4	4	4
英語	小学校1							1
	小学校2							3
	小学校3						3	3
	小学校4						3	4
	小学校5						3	4
	小学校6						3	4
	初級中学1					4	4	5
	初級中学2					4	4	5
	初級中学3					4	4	5

表 2-2 小学校、初級中学別週総授業数の推移

言語	学年	57-58年	58-59年	59-60年	62-63年	81年	03年	10年
モンゴル語	小学校	68	68	54	68	53	42	39
	初級中学	18	18	18	18	14	12	15
漢語	小学校	8	16	22	16	14	22	25
	初級中学	12	12	15	12	12	12	12
英語	小学校						12	19
	初級中学					12	12	15
総計	小学校・初級中学	106	114	109	114	105	112	125

表注：表 2-1、2-2 は「岡本雅享『中国の少数民族教育と言語政策』社会評論社、1999 年、216 頁・221 頁」と内モンゴル自治区教育庁が配布した資料を参照に作成したものである。

2 分析対象の教科書と分析方法

　本節で分析するモンゴル語[7]教科書は、2003年に内モンゴル自治区のモンゴル民族学校で使われていた小学校向け教科書10冊と初級中学向け教科書6冊[8]の全種類である（章末の資料2-1、2-2参照）。

　内モンゴル自治区では、『モンゴル語』は1年生で2冊を使用する。例えば、第1巻が1学年前期用であり、第2巻が1学年後期用である。その第1巻を見てみると、書名は『《yisün jil-ün alban jirum-un büküli edür-ün dürimtü baγa surγaγuli-du üjekü kele bičig nigedüger debter》［九年義務教育全日制小学校教科書　モンゴル語　第1巻］』である。この教科書は「内モンゴル教育出版社小学校、初級中学国語教科書編委員会」によりまとめられ、「内モンゴル教育出版社」が出版したものである。内モンゴル自治区では教科書は基本的に教育出版社が執筆・改訂・発行を行う。

　以下では各単元の教材を、その内容により①遊牧生活、②食習慣、③礼儀作法、④故郷への思い、⑤モンゴル民族の歴史や歴史上の人物、⑥中国の歴史や歴史上の人物、⑦外国の人物、⑧モンゴル文字、⑨その他、などの観点からそれぞれの特徴を整理した上で、全体としての特徴を明らかにする。なお、該当する教科書は巻数で表記する。

図2-1　小学校用モンゴル語教科書

3 教育目的と教科書編纂方針

前述した各項目の分析に先立ち、本項では「モンゴル語教学大綱」をもとにして、モンゴル語の教育目的と教科書編纂の方針に関して検討する。日本の教科書は学習指導要領に準拠して作成され、文部科学省の検定を経なくては発行できない。中国の場合、日本の学習指導要領に当たるものが、この「教学大綱」である。

(1) 教育目的

まず、小学校のモンゴル語の教育目的は以下の通りである。

> 「小学校のモンゴル語教育は子どもの全面的な発達を目的とし、生涯にわたる学習生活と労働作業の基礎となる。
> 　小学校のモンゴル語教育は、民族の言語文字及び伝統習慣を愛する心情を養い、民族の言語と文字を充分に理解し、応用できる言語能力を身に付けられるように指導する。また児童たちが初歩の聞く・読む・話す能力を身に付け、モンゴル語を学ぶ良好な習慣を育てあげる。
> 　指導の過程では、児童に対して国家・民族への愛情、社会主義の思想と道徳、科学的な思考方法を培い、児童の創造力、高尚な審美観を陶冶し、健康な個性を高め、良好な意志と性格を形成する。」[9]

このように民族の言語を身に付け、伝統習慣を大切にする心情を育成することと、社会主義の思想道徳と愛国主義精神を養うことが、小学校のモンゴル語の教育目的であるとされている。

次に、初級中学のモンゴル語の教育目的は以下の通りである。

> 「小学校のモンゴル語教育の基礎の上に、生徒たちの民族の言語と文字を正しく理解し応用する力をさらに指導し、読む・聞く・話す能力を高め、ことばの感受性を育て、思考を発展させ、モンゴル語を学ぼうとする習慣

第二章　モンゴル民族教育と歴史・文化の継承

を養う。
　　指導の過程では、愛国の精神、社会主義の思想と道徳を育てると同時に、母語や歴史文化への愛情を育み、知識の視野を広げ、創造の精神を養うように努め、文化的な品位を高め、健康な個性、高尚な審美観、完全な品格を有する人物を育てあげる。」[10]

　ここでは、小学校の学習を踏まえた上で、読む・聞く・話す能力をさらに高め、教育の過程では社会主義の思想、道徳を育成し、モンゴル語やモンゴル民族の文化に興味関心を高めることを初級中学のモンゴル語の教育目的と示している。

（2）　教科書編纂方針

　小学校の1～2学年を低学年、3～4学年を中学年、5～6学年を高学年と分けて、それぞれ学年の学習目標が決められている。その学習目標が以下の通りである。

　　「低学年の授業では、モンゴル民族の特性に注目して、モンゴル民族の児童たちの生活に密接したことばや挿絵を添え、児童たちの既存の知識と関心のある内容を十分に考慮し、母語の優れた特徴を傑出させる必要がある。教材の種類としては、子どもの伝説、寓話、ホルボー（qolbuɣa）[11]、詩、歌、物語などを中心とする。
　　中学年・高学年の教材としては主題、文体、風格を有する多様な文章や、内容面でモンゴル民族の歴史文化、習慣、生活環境を反映した文章を中心とし、科学の普及に関する文章をある程度取り入れる必要がある。」[12]

　ここでは、低学年は児童の日々の生活を中心としているが、中高学年になるとモンゴル民族の歴史文化や習慣、生活環境を反映している部分を取り入れることが中心となってきている。

続いて、初級中学の教科書編纂方針の一部分を抜粋してみると以下の通りである。

「(教科書) 1 冊ごとに 14 課を配当し、母語で書かれた文章が約 75％、翻訳した文章が約 25％とする。古文は 1 冊ごとに 1 課を配当し、第 1 巻・第 2 巻には口承文芸を取り入れる。(中略) 精選した教材としては、モンゴル民族の歴史文化、生活環境を反映した文章を中心とする。モンゴル民族の児童の思考と学齢に合わせて授業に配慮を加えて教育目的を達成する必要があり、可能な限り学習の発展を進め、知識の範囲を広げ、学習意欲を高揚させる必要がある。」[13]

初級中学になると翻訳された文章は全文章の四分の一にとどまり、冊ごとに古文や伝説をある程度取り入れ、モンゴル民族の歴史文化、生活環境を反映したものが中心となり、その知識範囲が小学校より広く要求されている。

小学校及び初級中学の「モンゴル語教学大綱」では、モンゴル語を読む、聞く、書く能力が大切であるとされ、ことばを学ぶことが基礎でもあるとした上で言語能力のみではなく、モンゴル民族の歴史や文化への興味関心を高め、その大切さを児童たちに教授することをモンゴル語教科書の目標としてあげている。しかし、社会主義の思想道徳や愛国主義精神を育てることも重要な目標としてあげられている一面もある。すなわち、言語訓練と思想政治教育は統一的なものであり、お互いに補うものとされているのである。言語訓練は当然、思想政治教育を重視するが、思想政治教育はモンゴル語教育の特質に基づき、その教育の過程において、暗黙のうちに、自然に、浸透するといったように行われるのが、中国・内モンゴル自治区のモンゴル教育の基本方針なのである。

4　教科書記述の各項目の検討

(1)　遊牧生活

この項目は、五家畜（tabun qosiɣu mal）[14] の説明、五家畜と遊牧民たち

の密接な様子、五家畜が遊牧民の生活に役に立つことなどの記述が多いため、「遊牧生活」と分類した。家畜の記述では内容のほとんどが五家畜についてである。小学校1学年から、五家畜というのは、牛・羊・馬・駱駝・山羊を指すこと、その中の分類や呼び方に関して説明されて（第2巻・第5課、以下［2・5］）、さらに2学年になると生まれた年によって牛の名前が異なるなど、より詳細な説明がされている［4・4］。初級中学になると五家畜のそれぞれの特徴や性格が紹介され、五家畜の性格を理解することは遊牧民の仕事に役に立ち、有利であり、モンゴル民族には五家畜を飼うことや家畜を飼う習慣があると紹介されている［3・4］。

また競馬に関する説明がある［6・25］。そこで競馬はモンゴル民族の伝統的な行事ナーダム（naɣadum）[15]のひとつとして紹介されている。モンゴル民族の人々に尊重されてきたこと、モンゴル民族の競馬は昔から今まで、参加する人数によって大・中・小の三つの規模で行われ、大ナーダムは7～10日

表2-3　遊牧生活に関する小学校国語教科書の記述

巻・課	題目	内容概略	頁
2・4	春	春がやってくると遊牧民や農民の生活は忙しくなること	13-15
2・5	五家畜	五家畜の説明	17-18
4・4	牛の名前の分類	牛の名前は生まれた年によって異なること	12-13
6・3	父	父は遊牧生活に優れていることの説明	14-18
6・25	競馬	競馬はモンゴル民族の伝統的な行事であり、競馬にもたくさんの種類があることの説明	157-160
8・2	小さな先生	8歳の息子が遊牧の仕事に慣れていたという話	7-13
9・3	駱駝	駱駝はモンゴル民族の五家畜の一つであり、モンゴル人の生活にたくさんの利益をもたらしていることの説明	15-18
10・2	小さな息子	小さな息子の牧民生活に慣れている様子	11-20

表2-4　遊牧生活に関する小学校国語教科書の記述（詩）

巻・課	題目	内容概略	頁
3・3	子羊	子羊と飼い主の親しい関係について	10-11
3・14	子馬	子馬について	81-82
4・3	羊の毛を刈る歌	羊毛はモンゴル人の収入になっていることの説明	9-10
8・1	馬と息子	息子が馬に慣れている様子	2-6

表2-5　遊牧生活に関する初級中学国語教科書の記述

巻・課	題目	内容概略	頁
1・4	牛	遊牧民と牛が親しんでいる話	42-46
3・1	遊牧民の秋	モンゴルの遊牧生活の紹介	5-9
3・4	五家畜の特徴	五家畜の紹介	50-63
3・12	草原の美しさ	草原の美しさと人々の生活についての説明	178-182

で300頭が参加し、中ナーダムは5～7日で100～150頭が参加し、小ナーダムは3～5日で30～50頭が参加すること、馬に乗る人を年齢や性別で分けないのが基本であることなどが説明されている。

　五家畜と遊牧民の生活に関しては、小さな子どもでも遊牧生活に慣れている様子、家畜を飼う習慣や遊牧生活が紹介されている［8・2］［10・2］。「羊の毛を刈る歌」という題目で書かれた詩は、羊の毛［4・3］や駱駝の毛、乳、肉［9・3］は遊牧民の収入になっているという説明がある。

（2）　食習慣

　お茶（sü-tei čai）がモンゴル民族に重視される食であることが説明され、お茶のつくり方として、お湯にお茶葉を入れて15～20回かき混ぜる、それから茶葉を取り出し、塩と乳を入れ、最後にチーズを入れることが説明されている［4・23］。

　夏休みに祖母の家へ行き、乳の搾り方を教わったことや、夏の草原の美しさについて記述されている。牛乳を搾るのはだれでもできる仕事ではなく、自分が牛のどちら側に座り、手をどのように動かすか、容器をどの位置に置くかという決まりがあると説明がされている［5・14］。チーズ（ホロート、qurud）は一般的に羊の乳と牛の乳を使うことや、チーズの作り方を説明している［8・24］。

　このように、モンゴル民族の食習慣に関してはお茶と乳製品の作り方の説明のみであるが、この二つがモンゴル民族の食習慣の基本と言える。モンゴルでは来客時にお茶を入れ、乳製品を出すのがもてなしの基本である。このことか

ら、モンゴル民族の伝統的な食習慣の伝承が意図されていることが分かる。

表2-6　食習慣に関する小学校国語教科書の記述

巻・課	題目	内容概略	頁
4・23	お茶	お茶はモンゴル人に尊重される食であることと、お茶の入れ方を説明している	115-116
5・14	牛乳の搾り方を教わった	夏休みに牧地に行き、牛乳の搾り方を教わった話	76-78
8・24	チーズ	チーズの作り方の説明	163-166

表2-7　食習慣に関する初級中学国語教科書の記述

巻・課	題目	内容概略	頁
3・3	モンゴルの食文化	モンゴルの食文化の紹介	19-29

（3）礼儀作法

　この項目は、モンゴル民族のあいさつの仕方、一日の生活や人と接する時に使うことばに関する記述である。来客時に使うあいさつのことばや年輩の人と接する時には尊敬語を使うことなど、基本的なことを小学校1学年で説明している［2・18］。また来客時の出迎えや見送りに使うことばなどを説明し、モンゴル民族は非常に礼儀正しい民族であり、これを大切にする必要があると述づられている［2・6］［3・13］。

表2-8　礼儀作法に関する小学校国語教科書の記述

巻・課	題目	内容概略	頁
2・18	礼儀を学ぼう	モンゴル民族の礼儀を幼い頃から学び、それを継承することの大切さの説明	86-87
3・13	モンゴル人たちの習慣	モンゴル人の日常的生活習慣の説明	76-79
4・21	モンゴル人はきれい好きである	モンゴル人はきれい好きであり、子どもたちもその習慣を守り続けることが大事であることの説明	109
5・28	礼儀	モンゴル民族は礼儀正しい民族であり、子どもたちもこれを伝承すべきであるという主張	161-162
7・20	モンゴル相撲大会	モンゴル相撲の服装や規則の説明	127-131

表2-9　礼儀作法に関する初級中学国語教科書の記述

巻・課	題目	内容概略	頁
2・6	モンゴル民族の礼儀	来客をもてなす礼儀とあいさつの紹介	76-88

　また、礼儀作法としてモンゴル民族のナーダムのひとつである、相撲大会の服装やその規則を紹介している［7・20］。ここではモンゴル民族の礼儀作法を紹介し、それを身につける必要性と大切さが述べられている。また相撲大会、モンゴル民族の伝統文化のひとつであるナーダムについてもここで紹介されている。

（4）　故郷への思い

　この項目は、母と草原に関する記述である。この記述は詩に多く表れている。母に関する記述は、ひとつは母が子どもに期待をすること［3・1］［9・1］や子どもを学校に行かせるために父母が苦労しているという記述［7・16］と、子どもが母の期待に応えるために勤勉に勉強する記述［6・1］との二種類が見られる。

　草原に関しては、草原の美しさに関する記述［4・2］［1・2］と草原で生まれ育ったモンゴル人たちは草原を忘れないで、さらに故郷を愛し、誇りに思うべきだという記述［4・5］［7．1］［3・5］［9・8］［2・8］［9・16］、草原・故郷を発展させるのが子どもたちの責任であるという記述［5・1］［5・11］が見られる。また母を思う気持ちは故郷を思う気持ちと同じことであり、さらに故郷への思いを強調した記述［6・26］も見られる。

　以上のように、母や故郷への思いを述べることを通して、学問を学ぶことの大切さとその目的が明らかに記述されている。学問を学ぶことで母の期待にこたえられ、また故郷を発展させることが知識人たちの責任でもあると記されているのである。

第二章　モンゴル民族教育と歴史・文化の継承

表2-10　故郷への思いに関する小学校国語教科書の記述（詩）

巻・課	題目	内容概略	頁
3・1	入学	子どもに対する親の期待について	12-13
3・5	親の教育	故郷を忘れないという親の教育は何よりも貴重な宝になるという主張	18-19
4・1	星	「星」を例えとしてモンゴル文化を学ぶ大切さを説明している	1-3
4・2	モンゴルの草原	美しいモンゴル草原の話	5-6
5・1	母語	母語は大切であり、それを伝承するのがモンゴル人たちの責任であるという主張	3-5
5・11	遠くへ行く	モンゴル文化の発展のため遠くへ行き、見聞を広げるべきであるという主張	61-64
5・21	いらしてください	客が来るのを楽しみにしているモンゴル人たちの親切さについて	119-120
5・26	私の一つの夢	私たちは同じ場所に生まれ、同じ夢を持つという主張	152-154
6・1	母の愛	母の愛があって自分は大きくなったのであり、母の期待に答えるために勤勉に勉強するという話	2-7
6・21	子どもである私たち	民族の未来は子どもである私たちの責任であるという主張	136-138
6・26	私の母・私の命	モンゴル文字・文化は「私の母・私の命」のように大切であるという主張	169-170
7・1	美しい草原	草原で生まれ育った私は何よりも草原が好きだという話	2-6
7・16	父	私を学校に行かせ、勉強させるために父は牧民の仕事に大変な苦労をしてきた話	106-107
8・21	幸運(qeiimuri)	モンゴル民族がますます発展することを祈っているという話	147-149
9・1	少年たちの世界	子どもたちへの期待を表す話	2-7
9・8	私はモンゴル人	モンゴル人として生まれ、自分の民族に誇りを持つべきであるという主張	71-74
9・16	故郷	故郷の美しさと人々が故郷を大事に思う気持ちを表す話	149-152

表2-11　故郷への思いに関する初級中学国語教科書の記述

巻・課	題目	内容概略	頁
2・7	雑誌を読んで感想	モンゴル文字、文化をもっと大切にする必要があるという主張	90-97
4・5	私はモンゴル人	モンゴル人は自分に誇りを持ち、その文化を大切にすることが大事であるという主張	75

表 2-12　故郷への思いに関する初級中学国語教科書の記述（詩）

巻・課	題目	内容概略	頁
1・2	私の故郷	私を育ててくれた故郷・モンゴルは一番美しい	10-15
2・8	モンゴル故郷	故郷であるモンゴル草原をもっと大切にし、もっと好きになる	117-121
2・9	母の後ろ姿	故郷と母は自分にとって同じ存在である	123-127
5・8	三歳の英雄	モンゴルの昔の生活と人々の希望を表した	93-118

（5）モンゴル民族の歴史や歴史上の人物

　モンゴル民族の歴史の全体をみると、近代以前（アヘン戦争以前）の記述が圧倒的に多い。その中でもチンギス・ハーンに関する記述がほとんどである。小学校（表2-13）の部分では、伝説や建築、歴史の部分が含まれてはいるが、初級中学の部分では「チンギス・ハーンの物語」、「チンギス・ハーンの九人の将軍」「ウリジェートゴワ皇太妃」などのように、ほとんどチンギス・ハーンとフビライの時代の歴史の記述である（表2-14）。小学校の部分ではモンゴル民族に関する伝説［6・22］［3・10］があり、そこではモンゴル民族の起源とモンゴル民族の発展のために団結することが主張されている。チンギス・ハーンに関する記述は、政治的な面で優れた技能を持つという記述［3・13］［5・13］と、チンギス・ハーンの友人に対する態度と友人の信頼を得ることができるという記述［7・17］［7・19］との二種類に分けられる。

　この箇所はチンギス・ハーン、フビライなど13世紀の歴史に限られている一方で、モンゴル民族の近代以降の歴史がほぼ記述されていないという点も指摘できよう。

　モンゴル民族の歴史上の人物の部分（表2-15）を年代順に並べてみると、モンゴル帝国、元朝、明朝、清朝、中華民国と中華人民共和国と各時代の人物が紹介されている。近代以前の人物ではチンギス・ハーンやフビライのような政治的な面で貢献した人物が紹介されている［2・20］［8・22］［6・23］。しかし近代以後の人物では、ガマラのようなモンゴル民族の習慣、歴史、知識などを主に書いている詩人［3・11］、祖父がモンゴル人である李四光のような

地質学者［3・12］、世界初の「試験管の子山羊」（quruɣu cil-yin isige）を育てた学者ショルガン（2003年、内モンゴル大学学長）などの科学者といった、文化的な面に偏る傾向がある。

　モンゴル民族の歴史の記述では、チンギス・ハーンやフビライの時代、いわゆる13世紀の歴史に留まっている。一方、モンゴル民族の歴史上の人物の部分では、モンゴル帝国から中華人民共和国が成立するまでの人物が取り上げられている。

表2-13　モンゴル民族の歴史に関する小学校国語教科書の記述

巻・課	題目	内容概略	頁	備考
6・22	鉱山をとかしエルグナホンから抜け出した	モンゴル民族の4人の男女がエルグナホンから抜け出した昔話	140-143	伝説
3・10	アランゴワ婦人5人の子どもを教育する	5人の子どもに団結は力になるということを教えた。その後5人兄弟が団結し、モンゴル民族の発展の基盤となったという話	58-61	伝説
7・29	モンゴルの紙作りの伝統的な方法	紙を作る方法の説明	201-203	
7・17	テムジンが技能で親友を得た	テムジンの八頭馬が敵に盗まれ、それを追う途中で親友ができた話	111-114	物語
7・19	チンギス・ハーンが弟二人を教育した	モンゴル氏族を統一したのは我々の力であると、二人の弟は噂していたが、実際はそうではないということをチンギス・ハーンが行動で証明している話	123-125	歴史
8・23	チンギス・ハーンの陵	チンギス・ハーンの陵がある位置やその建築の紹介	158-162	建築
7・18	シャンド（上都）市	元の首都であったシャンド市についての説明	116-119	建築
5・27	白塔	遼朝期に建てられて、金朝期に修復された。白塔から北方の少数民族には優れた芸術が見られるという説明	156-158	建築
8・20	音がある湖	ウジョムチンにある湖が「音がある湖」と呼ばれるようになった昔話、民族英雄たちが清朝の兵に追いかけられて、湖の音に起こされて逃げ出した話	135-139	物語

表 2-14　モンゴル民族の歴史に関する初級中学国語教科書の記述

巻・課	題目	内容概略	頁
1・13	テムジンの少年時代	テムジンの少年時代の物語	184-195
3・13	チンギス・ハーンの物語	チンギス・ハーンが他の氏族を侵略した物語	207-210
4・14	（ジャンバラ）jambal ハンの戦い	（ジャンバラ）jambal ハンの紹介とその戦い	184-215
5・13	チンギス・ハーンの賢さ	チンギス・ハーンが聡明な方法で相手に勝った物語	177-184
5・15	チンギス・ハーンの九人の将軍	チンギス・ハーンの九人の将軍が少年と酒のよさを語り合った物語	221-238
5・16	フンディスチン（köndi sečen）の助言	アンバゲ（ambaɣnɣ）ハンの息子が父の復讐で相手に負けたことで、フンディスチン（qöndi sečen）からアドバイスをもらった物語	240-244
6・15	チンギス・ハーンの教授	チンギス・ハーンが自分の九人の将軍に教授した物語	201-207
6・16	ウリジェートゴワ（üljeyituɣowa）皇太妃	元朝最後の皇帝トゴンテムル（toɣontemör）ハンの皇太妃の物語	210-214

表 2-15　モンゴル民族の歴史上の人物に関する小学校国語教科書の記述

巻・課	名前	生亡年	業績	頁	備考
2・20	テムジン（temüjin）	1162頃-1127	モンゴル帝国の創始者	92-94	政治
8・22	ジャラマ（jalma）		チンギス・ハーンの親友	151-154	政治
6・23	チンベー（čimbai）		フビライ・ハンの皇后	146-148	政治
2・19	トグトホ（tuɣtaqu）	1314-1355	脱脱（名前の漢字表記）、元朝将領・教育家・文学家、『宋史』『遼史』『金史』の編集者	89-90	文化
4・20	メルゲン（merɣen）	1750-？	明末清初の有名な外科医学家、遼寧省西部の吐默特人、「当時の華陀」と同じく見られていた	104-105	文化
3・11	ガマラ（ɣamal）	1871-1932	別名 doɣarsürün、シリンホト盟の人、詩の内容はモンゴル民族の習慣、歴史、知識に関する作品が多い	64-66	文化
3・12	李四光	1889-1971	地質学者、祖父がモンゴル人であり湖北省人、1954年に人文政治協商会議副主席。著書『南京竜潭地質指南』、『地質的年齢』、1902年に日本へ留学した	72-73	文化
5・22	ショルガン（Siɣurɣan）		学者で1982年に日本へ留学	122-124	文化

（6）中国の歴史や歴史上の人物

中国の歴史に関する記述はモンゴル民族の歴史に比べて少ない。この項目では戦国時代［10・12］の内容以外は全て中国近代史の部分である。人民大会堂の説明もある［6・19］。中華人民共和国が成立した1949年10月1日の行事を説明し、中華人民共和国が成立したのは、各民族の努力があったからとしている［9・4］。また、［5・18］のような教科書の話や［9・5］のような長征の記述は全て困難な時代をいかに努力して、乗り越えてきたかということが強調されている。

中国の歴史上の人物の記述では、詩人の李白と政治家の李大釗の紹介がある。

以上の中国の歴史や歴史上の人物の記述から分かるように、ほぼ近代以降の記述である。その記述の中心は、中華人民共和国が成立するまでに皆がいかに戦い、英雄が活躍したかということである。その英雄から学ぶことで、今後は多くの民族が団結する必要性を強調していると考えられる。

表2-16 中国の歴史上の人物に関する小学校国語教科書の記述

巻・課	名前	生年	業績	頁
4・8	李白	701-762	唐の詩人、「詩仙」と呼ばれている	32-33
10・15	李大釗	1889-1927	清末・中華民国初期の思想家、中国共産党の創立者の一人、河北省人、1914年に日本の早稲田大学に留学、日本の「21か条要求」に反対する留学生の運動を指導し1916年に退学帰国した	151-158

表2-17 中国の歴史に関する小学校国語教科書の記述

巻・課	題目	内容概略	頁	備考
5・18	貴重な教科書	1947年の当時、教科書が不足しており、教科書を自分の命より大事にしていたという話	100-103	物語
6・19	人民大会堂の見学	人民大会堂の説明	117-120	建築
9・4	建国大会	中華人民共和国が建立し、今日の幸せはたくさんの人々の命で換えてきたものであるという主張	26-34	
9・5	長征	英雄たちの決心や勇気は学ぶべきことであるという主張	36-41	
10・12	仲良くする	戦国時代の話	118-125	

表 2-18 中国の歴史に関する初級中学国語教科書の記述

冊・単元	題目	内容概略	頁
3・7	中国の芦沟橋	河北にある芦沟橋の紹介	96-102
5・2	母を偲ぶ	当時の社会背景と朱徳の母への懐かしい思いの物語	9-17

(7) 外国の人物

この項目は、イギリス、アメリカとイタリアなどの人物の業績について紹介したものである。

「リンゴはなぜ落ちてくるか」という題目で、イギリスの物理学者・数学者・天文学者ニュートンを取り上げ、リンゴが垂直に落ちることに疑問をもち、それについて熱心に調べ続けたため世界中で有名な学者になったことが紹介されている [2・21]。

「やかんのふたがなぜ動いたか」という題目で、イギリスの機械発明家・技術者ワットを取り上げ、幼い頃に、湯が沸いたらやかんのふたが動くことに興味を持ち、大人になってから蒸気をどうやって利用するかに関して研究し、先人の研究成果を踏まえて、自分でも熱心に研究に打ち込み、最後に蒸気の力を利用し、蒸気機関を作ったことが紹介されている [4・19]。

アメリカの発明家・技術者エジソンについて記述では、幼い頃、家が貧乏のために3ヶ月しか勉強できず、お金を節約して本を買って自分で勉強したことなど、エジソンが有名な発明家・技術者になったのは本人の幼いころからの努力であることが説明されている [5・23]。

17世紀イタリアの有名な科学者のガリレオ・ガリレイは長年に亘り研究を進め、物体は重さが違っても同時に地に落ちることを証明したという記述である [8・13]。

作曲家ベートーベンが「月光」を作った記述である [10・4]。

以上、外国の人物の紹介では欧米各国の有名な人物の勉強に熱心であり、長年に亘り研究に取り組んだ結果、有名な研究者になったことを中心に記述されている。

第二章　モンゴル民族教育と歴史・文化の継承

表2-19　外国の人物に関する小学校国語教科書の記述

巻・課	名前	生年	国籍	業績	頁
2・21	ニュートン	1643-1727	イギリス	物理学者・数学者・天文学者	96-98
4・19	ワット	1736-1819	イギリス	機械発明家・技術者	100-101
5・23	エジソン	1847-1931	アメリカ	発明家・技術者	127-129
8・13	ガリレオ・ガリレイ	1564-1642	イタリア	物理学者・天文学者	88-91
10・4	ベートーベン	1770-1827	ドイツ	作曲家	36-40

（8）モンゴル文字

　この項目は、モンゴル文字の正書法に関する記述である。その記述は、モンゴル文字の母音、子音などの文法的な説明のみであって、モンゴル文字の起源や、その歴史的な変化に関しては一切見られない。

　ここでは文法のみではなく、モンゴル文字の歴史に関する内容を取り入れる必要があるのではないか。例えば、モンゴル民族は13世紀チンギス・ハーンの時代から文字を持つようになったこと。また、それが改革と統一を経て、現在モンゴル民族の文字として、伝統モンゴル文字、パグパ（パスパ）文字[16]、トド文字[17]、キリル文字[18]などが使われているなどの説明を取り入れる必要があると考えられる。

表2-20　モンゴル文字に関する小学校国語教科書の記述

巻・課	題目	内容概略	頁
2・1	モンゴル文字の基本		1-3
2・2	モンゴル文字の基本		5-7
2・6	モンゴル文字音節の分け方	モンゴル文字音節の分け方に関する説明	24-25
2・14	男性音、女性音の区別	男性音と女性音の言葉を作る規則	67-68
3・6	モンゴル文字の表記①	モンゴルの外来語の表記	31-33
3・7	モンゴル文字の表記②	モンゴルの外来語の表記	37-39
4・5	母音	母音の変化	14-16
5・5	格変化	モンゴル語の7つの格変化の説明	20-25
6・5	再帰語尾	一般再帰法と人称再帰法の説明	25-26

（9） その他

今のフリンベエルと言う名前はフリンとベエルという二つの湖の名前から由来している説明である [9・15]。そして親孝行とは、社会に役に立つ仕事をすることであると主張している [10・3]。またモンゴル民族の有名な文学作品『フホソダラ』（《köke sudar》）は真夜中に火事によって焼失するところを保護された話が記述されている [5・4]。ここでは、民族の文化をもっと大切にする必要があると主張している。

表 2-21　小学校国語教科書のその他

巻・課	題目	内容概略	頁
9・15	フリンベエルという名前の由来	フリンとベエルという二つの湖の名前から現在のフリンベエルになった話	145-147
10・3	親孝行	親孝行とは、毎日親のそばにいることではなく、自分でまじめに働き、他人のことを助けることであるという主張	23-29

表 2-22　初級中学国語教科書のその他

巻・課	題目	内容概略	頁
5・4	真夜中	köke sudar の真夜中に火事にあったこととそれを救い出し、保護した話	39-52

5　内容の特徴

小学校及び初級中学のモンゴル語教科書の記述内容の全体をみると、小学校の教科書ではモンゴル民族に関する記述が多い。これに対して、初級中学のものでは、モンゴル民族に関する記述は少ない。

表 2-23　小学校と初級中学の記述数の比較

項目	小学校	初級中学
遊牧生活	12（詩4）	4
食習慣	3	1
礼儀作法	5	1
故郷への思い	17（詩17）	6（詩4）
モンゴル民族の歴史	9	8
モンゴル民族歴史上の人物	8	0
中国の歴史	5	0
中国歴史上の人物	2	2
モンゴル文字の正書法	9	0
その他	2	1

モンゴル語の教科書記述に関して、「遊牧生活」の項目では、五家畜や遊牧民の遊牧生活などの説明がある。「食習慣」では、モンゴル民族が客をもてなす時の習慣としてお茶と乳製品の説明がある。「礼儀作法」では、モンゴル民族のあいさつ、尊敬語、来客時のことば遣いなどの説明がある。以上、三つの項目は、モンゴル民族生活にもっとも密着した記述である。このようにモンゴル民族の伝統文化を小学校及び初級中学のモンゴル語に取り入れることは、児童・生徒が自民族の伝統文化を理解するには大変役に立つ部分ではある。

　しかし、その記述がモンゴル民族の伝統文化に留まっており、モンゴル民族の今日の遊牧生活の状況や変化に関する記述が見られない。もちろん、モンゴル民族の伝統文化を身につけ、継承していくことは大切ではあるが、モンゴル民族の現状を把握することも重要であると考える。

　「故郷への思い」に関する記述は詩が多数を占めている。モンゴル民族の詩は、母と草原の内容に限られているのが特徴である。そこでは、母と故郷が同じ存在であり、母の期待に応えることや故郷の発展のために知識を学ぶことが故郷への思いになり、故郷に対する誇りを持つことの大切さが主張されている。しかしそこでは、ただ故郷の美しさと豊富さばかりが記述され、抽象的な価値への言及に留まっている。

　以上の分析から、小学校及び初級中学のモンゴル語教科書においてはモンゴル民族の伝統文化に関する説明が不十分で、内容も浅薄であることが分かる。また伝統文化に偏る傾向が見られ、現在のモンゴル民族に関する紹介が不足している。モンゴル民族の文化の面では、モンゴル民族の衣食住に関する記述が足りないと考えられる。衣食住の中では食習慣に関する記述が多少あったが、衣服と住居に関してはほぼ触れられていない。

　モンゴル民族の歴史に関しては近代以前に留まり、それもほぼチンギス・ハーン、フビライなどの13世紀の歴史であり、近代以降の記述はほとんどない。モンゴル民族の歴史上の人物に関して、政治的な面ではチンギス・ハーン、フビライに関する記述であり、文化的な面では詩人、地質学者、科学者などの人物が取り上げられている。政治的な面では近代以前の人物に偏り、文化的な

面では近代以後に偏る傾向がある。

　中国の歴史に関する記述では、近代以降の記述が近代以前より多くあり、近代以後では中華人民共和国の成立のために貢献した人物や物事が取りあげられている。

第三節　歴史教育と自民族史学習

　本節では、モンゴル民族学校での歴史教育におけるモンゴル民族教育に関わる教育内容を検討するために、モンゴル語で書かれた歴史教科書の分析を行う。改革開放後、異なる地域に対応した歴史教科書を通して歴史教育の教育内容を検討することにする。

1　小学校における中国史教育
（1）　分析対象教科書と方法
　中国の小学校では、中国史教育は「社会科」の中で行われている。そのため 2003 年、内モンゴル自治区のモンゴル民族学校で使用されている小学校の「社会」の教科書を対象とする。その書名は『yisün jil-ün alban jirum-un surɣan kümüjil-ün tabun jil-ün dürimtü baɣa surɣaɣuli-du üjekü《neyigem》』[九年義務教育五年制小学校教科書『社会』] である。この教科書は、「人民教育出版社地理社会室」が編著し、それを「内モンゴル教育出版社」が翻訳して出版したものである。すなわち、漢語で書かれたものをモンゴル語に訳した教科書である。

　『社会』の内容には生活・歴史・地理・政治などの一般教養が含まれる。5年制小学校では小学校 3 学年から、6 年制小学校では小学校 4 学年から授業が行われ、『社会』の教科書は全部で 6 冊である。その中で、第 3 巻の後半が前近代史の内容を取り入れ、そして第 4 巻がアヘン戦争以後現在までの近現代史の内容となっている。

　本項では、小学校における中国史教育の教科書に当たる『社会』第 3 巻・

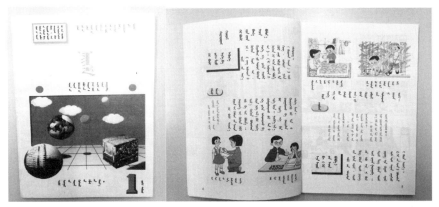

図 2-2　小学校用社会教科書

　第 4 巻の中からモンゴル民族の歴史が収められている部分を取り出し、その特徴を分析する。ただし近現代史の第 4 巻にはモンゴル民族の歴史が記載されていないため、第 3 巻の分析を中心に、とくに、第 3 巻のモンゴル民族の歴史が取り入れられている部分の内容を検討する（資料 2-3）。

（2）教育目的と教科書編纂方針

　教科書内容の分析に先立ち、「社会」の教育目的と教科書編纂方針を『社会教学大綱』から検討する。小学校の「社会」の教育目的は、

> 「児童に対して社会生活と現状についての理解を図り、故郷・祖国・世界の常識の初歩を育成する。彼らに幼い頃から物事を正しく捉え、社会に対する理解を培う、社会生活に適応できる能力を育成する。愛国主義の教育と啓蒙の教育を行い、彼らの社会に対する責任感を養う。」[19]

とされている。

　ここでは、児童たちがいち早く社会になじむように、故郷・祖国・世界に対する常識の育成と愛国主義の教育と啓蒙の教育を養うことを小学校の「社会」の教育目的としている。中国史教育もこの観点から行われている。

この教育目的を受けて中国史に関しては、具体的に次のように教科書編纂方針が立てられている。「教育内容の配当」の部分では、「1）周囲の社会についての理解を図る」（54時間）、「2）祖国についての理解を図る」（82時間）、「3）世界についての理解を図る」（28時間）の3項目に分けている。

　「周囲の社会についての理解を図る」という項目には、児童たちの家庭の生活、社会生活、地理などの内容が含まれている。一番時間配当が多い「祖国について理解を図る」という項目は、主に中国歴史の内容である。「世界についての理解を図る」という項目は、アメリカ、日本、ロシアなど世界各国の歴史や文化が紹介されている。

　『社会』第3巻は、「2）祖国についての理解を図る」の第6番に当たるものある。その具体的な内容は以下の通りである。

　　「我が国は、昔から統一された多民族国家である。歴史上、各民族が国家の統一のために、貢献した人物を理解させる。それらの人物として、秦の始皇帝、漢の武帝、唐の太宗、ソンツェンガンポ、チンギス・ハーン、フビライ、鄭成功、清の康熙帝を取り上げる。現在の中国は団結した多民族大家族である。居住地域にどのような民族がいるのかを理解し、各民族がお互いの生活習慣を尊敬しあう。少数民族地区は自分の民族の歴史を学ぶ必要がある。」[20]

　ここで取り上げられている人物たちは、各時代に多民族国家の統一のために貢献した人々として取り上げられ、中華人民共和国は古代から団結した多民族国家であったと強調している。また各民族がお互いに生活習慣を尊重し、少数民族地区は自民族の歴史を身に付ける必要があると主張している。この点について「社会教学大綱」の他の部分では「社会」の授業全時間の20％を「各地域、各学校がそれぞれの状況に基づいて、発展のために郷土教材の内容を補足すること[21]」と明記されている。しかし内モンゴル自治区の小学校では、このような補足教材は現時点で存在しない。そのため、モンゴル民族の小学校に

おける歴史教育は「社会」第 3 巻の内容のみとなるのである。

（3） 記述内容に関する検討

モンゴル民族の歴史に関わるものは、前近代史を含めた小学校『社会』第 3 巻の後半における「第 5 単元　統一された多民族国家」である。

この「第 5 単元　統一された多民族国家」の構成は以下の通りである（67 ～ 92 頁）。

　　　第 1 課　秦漢が統一した多民族国家の形成
　　　　　　　　― 秦の始皇帝、漢の武帝
　　　第 2 課　唐朝の多民族国家の発展
　　　　　　　　― 唐の太宗、ソンツェンガンポ
　　　第 3 課　元朝の大統一
　　　　　　　　― チンギス・ハーン、フビライ
　　　第 4 課　明清朝の外来侵略者との争い
　　　　　　　　― 鄭成功、清の康熙帝
　　　第 5 課　団結友好した多民族大家族

第 3 課でモンゴル民族の歴史であるチンギス・ハーンとフビライが取り上げられている。

「第 3 課　元朝の大統一　チンギス・ハーン、フビライ」の部分では、最初の頁に「モンゴルを統一したチンギス・ハーン」という項目が設けられ、始めに「12、3 世紀に、我が国のモンゴル高原には、たくさんの部族がいた。各部族の間では、つねに残酷な戦争が行われていて、人々は不安定であった」と書かれている。

その次に、当時のモンゴル民族の民謡が紹介されている。

　　　「星天は旋転し、諸国は戦争す

・・・・・・
逃避する場所は有ることなく、
ただ鋒を衝き仗を打つこと有るのみ。
平安幸福は有ることなく、
ただ相互に殺伐すること有るのみ」[22]。

　次の頁に少年時代のテムジンが首領になり、強大な軍隊を組織し、長年にわたる戦争を経て、周囲の各部族を打ち破り、モンゴルを統一し、1206年にモンゴルの貴族は大会を召集して、テムジンを大ハーンに推挙し、チンギス・ハーンと尊称したなどのことが説明され、チンギス・ハーンの肖像が掲げられている。「全国を統一したフビライ」という項目では、チンギス・ハーンの死後、モンゴルの軍隊が西夏と金を滅ぼし、1276年[23]にチンギス・ハーンの孫のフビライが南宋を滅ぼした後に全国を統一し、チンギス・ハーンからフビライまで80年間で、ようやく全国の再統一ができたということが説明され、フビライの肖像が掲げられている。

（4）　内容の特徴

　このように、チンギス・ハーンとフビライを、多民族国家の統一と発展に最も貢献した人物として取り上げている。ただチンギス・ハーンとフビライに関しては、モンゴル民族の歴史として教えているのではなく、多民族国家中国の一部として紹介されているに過ぎない。

　また前述したように、モンゴル民族の小学校歴史教育でのモンゴル民族の歴史はこれですべてであり、チンギス・ハーンとフビライ以前、そして以後の時代、人物、出来事、文化などは全く説明されていない。

2　初級中学における中国史教育

（1）　分析対象教科書と方法

　本項では、2003年、内モンゴル自治区のモンゴル民族学校で使用されてい

る初級中学『中国歴史』を分析の対象とする（資料 2-4）。中国の初級中学の歴史教育は「中国歴史」と「世界歴史」に分けて行われている。その時間配当をみると「中国の古代史[24]を初級中学 1 学年で教えて、中国の近現代史を初級中学 2 学年で教えて、初級中学 3 学年になると世界史を教える。中国歴史も世界史も週ごとに 2 時間ずつ配当する」と定められている[25]。『中国歴史』教科書の書名は、『《yisün jil-ün alban jirum-un surγan kümüjil-ün dörben jil-ün dürimtü angqa jerge-yin dumdadu surγaγuli-yin surqu bičig dumdadu ulus-un teüke》』［九年義務教育四年制初級中学教科書 中国歴史］であり、「人民教育出版社歴史室」が編纂し、「内モンゴル教育出版社」が翻訳して出版したものである。すなわち、『社会』と同様に、漢語で書かれたものをモンゴル語に訳した教科書である。

　『中国歴史』教科書は全部で 4 冊に亘る。第 1 巻は太古から隋朝まで、第 2 巻は隋朝から明朝まで、第 3 巻は清朝の 1644 年から 1927 年まで、第 4 巻は 1927 年から現在まで、それぞれ記述されている。本項では、この中からモンゴル民族の歴史が収められている部分を取り出し、分析する。そのため、特に第 2 巻、第 3 巻を中心とする。

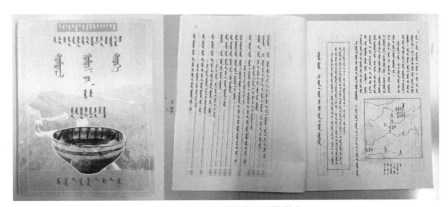

図 2-3　初級中学用中国史教科書

(2) 教育目的と教科書編纂方針

教科書内容の分析に先立ち、「中国歴史」の教育目的と教科書編纂方針を『歴史教学大綱』から検討する。

「中国歴史」の教育目的は、

> 「初級中学の歴史教育においては、生徒に対して社会発展法則の教育を行い、彼らに正しい歴史意識の初歩を育成する。そして生徒に対する愛国主義の教育、社会主義の教育、国情の教育、革命伝統の教育及び民族団結の教育を行い、中華民族の秀でた文化的伝統を継承発展させ、自民族を尊重する感情と信念を培い、祖国の社会主義建設のために献身する歴史的な責任感を持たせる。」[26]

と示されている。

この教育目的を受けて、具体的に古代史の部分と近現代史の部分（1840年のアヘン戦争から始まる、清朝末期、中華民国期と中華人民共和国）を三つの時代に分けて教科書編纂方針が立てられている。

ここでは、生徒に正しく歴史意識を育成していくことや、中華民族の一員として社会主義建設のために献身する歴史的責任感を持たせることが初級中学中国歴史の教育目的としている。ここで「自民族を尊重する感情と信念を培う」ことも目的の中に述べられているが、それも中華民族の一員としか取りあげられていない。

(3) 教科書記述に関する検討

初級中学の『中国歴史』教科書の中でモンゴル民族の歴史を記載した部分は、第2巻、第3巻である。該当箇所は以下の通りである。

『中国歴史』第2巻
　　第13課「元朝の統治」（79-84頁）

第二章　モンゴル民族教育と歴史・文化の継承

　　第14課「元朝の社会経済と内外交流」（85-90頁）
　　第19課「モンゴルの漠北支配と満州の隆盛」（114-120頁）
『中国歴史』第3巻
　　第1課「清朝による多民族国家統一の強化」（1-6頁）
　　第13課「軍閥の割拠抗争と帝国主義による狂気のような侵略」（156-
　　　162頁）

以上の記述を年代順に元朝期、明・清朝期と中華民国期の3項目に分けて検討する。
① 元朝期
第13課「元朝の統治」の内容は、『社会』の中の記述をさらに増やした内容であり、チンギス・ハーン、フビライを中心としてあげている。本文の最初は、生徒たちに話し合う課題として以下のように書かれている。

　　「モンゴル民族は祖国の大家族の中の重要な構成員である。モンゴル各部を統一したのはだれか。チンギス・ハーンのおもな功績とは何か。元朝はどのようにして樹立されたのか。それは多民族統一国家であるわが国の発展にどのような貢献をしたか。この課ではこれらのことについて述べよう。」[27]

次に「モンゴルの勃興」では、我が国の北方にあるモンゴル高原には古くからの歴史をもつ民族としてモンゴルが出てきて、モンゴル民族が馬・牛・羊を放牧し、ゲルの中に住み、牛乳を飲み、羊肉を食べ、家畜の皮や毛を使って衣類を編むなどの遊牧生活が紹介されている。
「モンゴルを統一したチンギス・ハーン」、「全国を統一したフビライ」では、『社会』の中の内容と同じく、テムジンが首領だった頃からモンゴルを統一し、チンギス・ハーンになったこと、フビライに関しても同じくチンギス・ハーンの死後、フビライが南宋を滅ぼした後に全国を統一したことが記述されている。

チンギス・ハーンとフビライ両方の肖像が掲げられている。また「行省制度と民族融合」、「民族分離政策」に関する内容も記述されている。

　第 14 課　「元朝の社会経済と内外交流」では、元朝の手工業、交通運輸や海外貿易の方面における特別な成果や、当時の海外の友好交流の盛んだったことが記述されている。「世界に聞こえた元の大都」（86-88 頁）の部分では、大都は元朝の政治中心であるのみでなく、世界中の商業の大都市であり、当時大都に生活していた詩人の元好問、有名な書家で画家の趙孟頫、劇作家の関漢卿などが紹介されている。

② 　明・清朝期
　第 19 課「モンゴルの漠北支配と満州の隆盛」の「アルタンハーン、明朝との和解」（114-115 頁）では、16 世紀の半ばから、タタール[28]のアルタンハーンが漢民族の先進文化に憧れ、積極的に明朝に対して互いに貿易しようと要請をし、交易を始めた。それから、数十年間、モンゴル民族と漢民族の辺境の人々は、平和的に生活してきたことが述べられている。

　第 1 課　「清朝による多民族国家統一の強化」の中で「トルグート[29]の祖国復帰」（3-5 頁）が取り上げられている。明末から清初にかけて、モンゴル民族はゴビ砂漠の南、北、西の三部分に分かれていたが、彼らが前後して清朝に従属したことを説明する中で、トルグート族の動きが特筆されている。具体的には、ロシアに移住していたトルグート族が 1771 年に首領オバシ（ubasi、ウバシとも表記される、1757 年生）の統率のもと、武装蜂起を起こし、ロシア軍の包囲を突破して祖国に復帰したことに対して、多民族国家の強化と発展に輝かしい一頁を書き残したと記述されている。また、オバシを「中国の歴史上の民族的英雄である」と高く評価している。

　また「清朝の領域」（5-6 頁）では、清朝の広大な領土には、漢、チワン、ウイグル、モンゴルなど 50 余りの民族が生活していて、清朝政権の統一は各民族の人民の間の経済的文化的つながりを深めさせ、辺境地区は開発され、我が国の統一的多民族国家は一段と強化されたと述べられている。

③ 中華民国期

第13課「軍閥の割拠抗争と帝国主義による狂気のような侵略」の中の「帝国主義の狂気のような侵略」(160-162頁)では、モンゴル国の独立[30]にロシアが支援したことに対して、ロシアによる中国を分裂させる罪業は、全国人民の反対を触発したという記述がある。また一部のモンゴルの愛国的王侯貴族も少人数の分裂グループの国に対する裏切り的罪業の声をあげて非難し、ただちにモンゴル国の独立を取り消すよう要求したと記述されている。

(4) 内容の特徴

ここまで、元朝期、明・清朝期と中華民国期の三項目に分けて分析を行った。

モンゴル民族の歴史が詳細に説明されている部分がある。例えば、「元朝期」の項目では、チンギス・ハーン、フビライの国家の統一、それから行省制度と民族融合、民族分離政策など政治の面の説明、また社会経済や内外交流の面では詳しく記述している。

また元朝、明朝、清朝や中華民族期のモンゴル民族の活動を、多民族国家中国の歴史の中に取り入れた点では評価できる。

しかし反面、モンゴル民族に関わる部分は多民族国家中国統一のために貢献した人物や物事しか取り入れていない。例えば「元朝期」の項目では、チンギス・ハーン、フビライが多民族国家の統一と発展に最も貢献した人物として取り上げられている。「明・清朝期」の項目では、1771年に首領ウバシの統率のもと、武装蜂起を起こし、ロシア軍の包囲を突破して祖国に復帰したことが多民族国家の強化と発展に輝かしい一頁を書き残したと記述し、ウバシを中国の歴史上の民族的英雄として取り上げている。このように、モンゴル民族の部分は国家統一の観点が第一に据えられたため、モンゴル民族の活動を一面的に捉えてしまっているといえる。

また三項目の分析を通してみても、モンゴル民族の歴史に関する部分は取り入れられているが、モンゴル民族の文化については記述されていない。

3 初級中学におけるモンゴル民族史教育

(1) 分析対象教科書と方法

モンゴル民族の初級中学用に、モンゴル語で書かれたモンゴル民族史教科書がある。教科書の書名は『《alban jirum-un surɣan kümüjil-ün angqa jerge-yin dumdadu surɣaɣuli-du üjekü mongɣul ündüsüten-ü teüke》』［義務教育初級中学教科書　モンゴル民族の歴史］であり、「モンゴル民族の歴史」編纂会が編纂し、内モンゴル教育出版社が出版したものである（資料2-5）。

本項では、この『モンゴル民族の歴史』教科書の全体を対象として、ここで述べられているモンゴル民族史の特徴を分析する。

図2-4　初級中学モンゴル史教科書

(2) 教育目的と教科書編纂方針

この教科書は『歴史教学大綱』における以下の方針を受けて編纂されたものである。

「中国歴史を教える際には、各省・自治区・直轄市の歴史教材あるいは当該地域の民族史教材を編纂して補足教材として教えることができる。教授時間は約8時間を配当する。教授に際しては、これらの時間をまとめて

利用することも可能であり、中国歴史を教える中で関係する内容と結びつけて利用することも可能である。地域の歴史教材あるいは当該地域の民族史教材は必ず省・自治区・直轄市の教育委員会の承認を得なければならない。」31)

教科書の序文にあたる「説明」は、初級中学2学年の第2学期で『中国歴史』を学習した後に10時間かけて、補足資料として授業が行われること、国家教育委員会が制定した『歴史教学大綱』の規定に基づき、内モンゴル教育委員会の承認により編纂したこと、内モンゴル自治区で初めて編纂執筆したものであることが「内モンゴル自治区教育委員会歴史地理室」の名で記述されている。

(3) 記述内容に関する検討

『モンゴル民族の歴史』教科書はモンゴル民族の起源から内モンゴル自治区が成立するまで扱い、全部で12課、268頁にわたって記述されている。本書の構成は以下の通りである。

第1課　モンゴルの氏族制
第2課　大モンゴル国支配期のモンゴル
第3課　大元国期のモンゴル
第4課　14世紀末から1640年代までのモンゴル
第5課　大清国支配期におけるモンゴル
第6課　モンゴルの半植民地・半封建期社会の始まり
第7課　帝国主義・封建制に反対するモンゴル民族の人民闘争の始まりと高揚
第8課　辛亥革命期及び北方軍閥支配下のモンゴル民族
第9課　モンゴル民族の解放運動の新しい時代の始まり
第10課　日本帝国主義による内モンゴル侵略と内モンゴルの全民族人民の

　　　　抗日闘争
第11課　内モンゴル自治区の建設とモンゴル民族解放闘争の偉大なる勝利
第12課　近代のモンゴル民族の文化

　次に具体的な記述内容の概略を紹介する。
　はじめに、12世紀の中ごろ、モンゴル高原の多くの部族の争いや当時のモンゴル諸族の経済、社会構造などの説明がある。次はテムジンがモンゴル高原を統一し、チンギス・ハーンが大モンゴル国を建て、フビライが大元国を建てたことや、当時のモンゴル民族の経済、封建制度、社会矛盾、文化芸術などの説明がある。
　14世紀からは、明朝とモンゴルの争いやモンゴルの中での混乱について記述されている。17世紀からはモンゴル各地域が続々と清朝の支配に入り、清朝は盟旗制度、チベット仏教の普及によってモンゴルを支配していたことや、経済、法令、文化芸術などの説明がある。
　19世紀からは、モンゴル民族による帝国主義に反対する愛国的闘争、反封建闘争と草原開拓に反対したモンゴル人民の武装闘争が始まる。辛亥革命時のモンゴルの独立と自治運動があり、1911年にモンゴル国は独立を宣言している。当時は北方軍閥のモンゴル支配があり、闘争があったことも記述されている。1919年に始まった「五・四」運動にモンゴル民族の指導的な青年たちは積極的に参加したことも触れられている。当時、内モンゴルでは、中国共産党組織、内モンゴル人民革命党、内モンゴルの農民労働者兵士の大同盟などが建設され、モンゴル民族の解放運動の新しい時代が始まったなどの説明がある。1947年に内モンゴル自治区が成立し、モンゴル民族解放闘争が勝利したことや、最後には近代のモンゴル民族の文化として文芸、言語・歴史、教育、モンゴルの出版事業に関して記述されている。

（4）内容の特徴
　ここまで、『モンゴル民族の歴史』の記述内容を具体的に見てきた。『モンゴ

ル民族の歴史』を副教材とし、中国の歴史と同時に初級中学で扱うことは、モンゴル民族の生徒たちにとって自民族の歴史について学ぶことができる面では大変意義のある教材である。しかし、課ごとの内容は詳細で分かりやすく説明されているが、第1課から第12課までの内容を10時間で説明するのは、配当時間上容易ではない。内容の面では、内モンゴル自治区の成立までしか記述されていないことと、モンゴル民族の政治的な内容は多くあるが、モンゴル民族の生活文化の内容が少ないことに課題を残している。

まとめ

　本章では、モンゴル民族教育を通して自民族の歴史・文化をいかに身につけているかを明らかにするために、教育内容を中心に検討した。

　第一節では、中国における教科書編纂制度をみてきた。その特徴と言えば1980年後半以降、「一綱一本」から「一綱多本」に改められたことである。これは中国教科書編纂の歴史上において大きな変化をもたらした。少数民族及びモンゴル民族の教科書の編纂制度への改善も望ましい。

　第二節では、モンゴル民族の歴史、文化を小学校及び初級中学のモンゴル語教科書に取り入れることは、児童・生徒たちに自民族について学習することができ、大変良い教材である。しかし、モンゴル民族の伝統文化の面では、説明が不十分で内容が浅薄な面がある。また伝統文化に偏る傾向が見られ、モンゴル民族の現状に関する記述も必要であると考える。

　また、モンゴル語教材の中のモンゴル民族の歴史上の人物に関しては、近代以前、そして以後の人物が取り入れられているが、モンゴルの歴史に関しては近代以前のチンギス・ハーン、フビライに関する記述に留まっているのが現状である。

　このモンゴル語の授業が、近年の漢語と英語の早期導入によって減らされていることが最も深刻な問題である。

　第三節では、小学校及び初級中学の中国歴史教育でモンゴル民族の歴史を取

り入れたこと、またそれを詳細に説明した点では非常に良いと考える。しかし、モンゴル民族の歴史を国家統一の観点から第一に据えられたため、モンゴル民族の活動が一面的に捉えられてしまっている。特に人物が取り上げられる場合は、その人物が必ず多民族国家の統一と発展のために貢献したことが必須となっている。教科書でそのような業績を持つ人物を英雄として高く評価することが、教科書記述の特徴であるとも言えよう。

また歴史教育に取り入れた部分はモンゴル民族の歴史の記述に留まり、文化の面での記述が見られない。

『モンゴル民族の歴史』において、13世紀から内モンゴル自治区が成立するまでの歴史を10時間で説明するのは、配当時間上において容易ではない。また、内容の面では、内モンゴル自治区の成立までしか記述されていない点、モンゴル民族の政治的な内容が多く記述されている反面、モンゴル民族の生活文化の内容が少ない点に課題を残している。

注

1) 「一綱一本」とは、1つの大綱、一種類の教科書という意味で、綱とは「教学大綱」のことである。
2) 王智新『現代中国の教育』明石書店、2004年、262-274頁。
3) 唐磊「中国における教育課程政策の動向―教わることから自ら学ぶことへ」東京学芸大学教員養成カリキュラム開発センター編『東京学芸大学教員養成カリキュラム開発センター研究年報』第3巻、2004年、19-32頁。
4) 木全清博「中国における社会科教科書の編纂と刊行状況―中国の社会科教育(Ⅱ)」『滋賀大学教育学部実践センター紀要』第8巻、2000年。
5) 森茂岳雄他「現代中国の教育課程改革と歴史教育の革新」日本社会科教育学会編集『社会科教育研究』第92号、2004年。
6) 「関于全区蒙語授課5-4学制小学、初級中学和普通高中過程教学計画的調整意見(征求意見稿)」内蒙古自治区教育局2000年2月18日。本稿は、「中国共産党と中央国務院の教育改革を深めることと素質教育を全体的に推進する決定に関する」と1999年内モンゴル自治区政府の「全自治区の民族初級中学で外国語の授業を設けることに関する通知」に基づいて作成されたものである。

7) 日本の「国語」に該当する教科をモンゴル語では kele bičig と称する、これは漢語（中国語）の「语文」(語文) を直訳したものと思われる。本稿ではこれを「モンゴル語」と訳して使用する。なお、モンゴル国では mongγul kele（モンゴル語）という教科名が使われている。
8) 2003年、当時内モンゴル自治区では多くの小学校は5年制、初級中学は4年制であった。これは9年義務教育を普及させるために、小学校6年制にする準備が整えられてないためである。初級中学は4学年ではあるが、第4学年は教科書がなく、主に高等学校の受験勉強が行われていた。
9) 《yisün jil-ün alban jirum-un büküli edür-ün dürimtü baγa urγaγuli-yin・yisün jil-ün alban jirum-un büküli edür-ün dürimtü angqa jerge-yin dumdadu surγaγuli-yin・büküli edür-ün dürimtü degedü jerge-yin dumdadu surγaγuli-yin kele bičig jiγaqu program》öbür mongγul-un surγan kümüjil-ün keblel-ün qoriya keblegülün tarqaγaba、2000on、4-5 debter niγur.
九年義務教育全日制小学校・九年義務教育全日制初級中学・全日制高等学校用蒙語教学大綱』内モンゴル教育出版社、2000年、4-5頁。
10) 同上書、30頁。
11) モンゴル民族の伝統音楽の一種である。
12) 『蒙語教学大綱』前掲書、14-15頁。
13) 同上書、前掲書、34頁。
14) 牛・羊・馬・駱駝・山羊の五つの家畜を指す（五畜とも訳される）。
15) ナーダムとはモンゴル語で「遊び」という意味で、「男の三つの遊び（ere-yin γurban naγadum）」とも言われている。相撲・競馬・弓射の三つの競技を行う。ナーダムは基本的に夏の7、8月に行われる。
16) フビライの時代にパグパ（パスパ）という僧侶がチベット文字を使用して創った文字である。
17) 現在、主に新疆ウイグル自治区のモンゴル民族の間で使われている。1648年にオイラードモンゴルの僧侶が創った文字で、トドはモンゴル語で「明瞭な」という意味をもつ。トド文字は歴史、文学、宗教の分野でかなり文献を残しており、西部モンゴルの文化発展に大きく貢献した。
18) ロシアのアルファベットを基として創った文字で、現在モンゴル国で使われている。
19) 『九年義務教育全日制小学校用　社会教育大綱』中華人民共和国国家教育委員会制訂、人民教育出版社出版、1995年、1頁。
20) 同上書、5頁。
21) 同上書、2-3頁。
22) 引用中の省略は原文のままである。
23) 日本では一般に1279年の時点を南宋滅亡の年としている。
24) ここで言う「古代史」とは前近代史を指す。
25) 《yisün jil-ün alban jirum-un büküli edür-ün dürimtü angqa jerge-yin dumdadu surγaγuli-yin teüke jiγaqu program》öbür mongγul-un surγan kümüjil-ün keblel-ün qoriya orčiγulun keblegülbe、2001on.

『九年義務教育全日制初級中学用　歴史教学大綱』内蒙古教育出版社翻訳発行、2000 年、2 頁。

26) 同上書、2 頁。
27) arad-un surγan kümüjil-ün keblel-ün qoriyan-u teüke-ün tasγu nayirγulba《yisün jil-ün alban jirum-un surγan kümüjil-ün dörben jil-ün dürimtü angqa jerge-yin dumdadu surγaγuli-yin surqu bičig dumdadu ulus-un teüke qoyaduγar debter》öbür mongγul-un surγan kümüjil-ün keblel-ün qoriya orčiγulun keblegülbe、2001on、79 dörbedüger debter。
人民教育出版社歴史室『九年義務教育四年制初級中学教科書　中国歴史　第 2 巻』内モンゴル教育出版社翻訳、2001 年、79 頁。
28) タタールとは元朝滅亡後の東部のモンゴル民族を指す明朝からの呼称である。
29) トルグートとはオイラト部のひとつで、現在、新疆ウイグル自治区に住むモンゴル系民族である。
30) 1911 年 12 月にモンゴル国のクーロン（現在のウランバートル）の活仏であるジェプツンダンバ 8 世が全モンゴル民族のハーンに即位し、中国からの独立を宣言したことを指す。
31) 《yisün jil-ün alban jirum-un büküli edür-ün dürimtü angqa jerge-yin dumdadu surγaγuli-yin teüke jiγaqu program》öbür mongγul-un surγan kümüjil-ün keblel-ün qoriya orčiγulun keblegülbe 2001on。
『九年義務教育全日制初級中学用　歴史教学大綱』内蒙古教育出版社出版、2000 年、3-4 頁。

第二章 モンゴル民族教育と歴史・文化の継承

資料

資料 2-1　モンゴル民族学校における小学校用『モンゴル語』教科書一覧

教科書名	著作者	出版社	出版年
sün jil-ün alban jirum-un büküli edür-ün dürimtü baγa surγaγuli-du üjekü kele bičiγ (niγedüγer debter)	öbür monγul-un surγan kümüjil-ün keblel-ün qoriyan-u dumdadu baγa surγaγuli-yin《kele bičiγ》nayiraγulqu komis	öbür monγul-un surγan kümüjil-ün keblel-ün qoriya	2001 on
年義務教育全日制小学校教科書『国語』(第1巻)	内モンゴル教育出版社小学校及び初級中学『国語』教科書編委員会	内モンゴル教育出版社	2001年
sün jil-ün alban jirum-un büküli edür-ün dürimtü baγa surγaγuli-du üjekü kele bičiγ (qoyaduγar debter)	öbür monγul-un surγan kümüjil-ün keblel-ün qoriyan-u dumdadu baγa surγaγuli-yin《kele bičiγ》nayiraγulqu komis	öbür monγul-un surγan kümüjil-ün keblel-ün qoriya	2001 on
年義務教育全日制小学校教科書『国語』(第2巻)	内モンゴル教育出版社小学校及び初級中学『国語』教科書編委員会	内モンゴル教育出版社	2001年
sün jil-ün alban jirum-un büküli edür-ün dürimtü baγa surγauli-du üjekü kele bičiγ (γurbaduγar debter)	öbür monγul-un surγan kümüjil-ün keblel-ün qoriyan-u dumdadu baγa surγauli-yin《kele bičiγ》nayiraγulqu komis	Öbür monγul-un surγan kümüjil-ün keblel-ün qoriya	2001 on
年義務教育全日制小学校教科書『国語』(第3巻)	内モンゴル教育出版社小学校及び初級中学『国語』教科書編委員会	内モンゴル教育出版社	2001年
isün jil-ün alban jirum-un büküli edür-ün dürimt baγa surγauli-du üjekü kele bičiγ (dörbedüγer debter)	öbür monγul-un surγan kümüjil-ün keblel-ün qoriyan-u dumdadu baγa surγauli-yin《kele bičiγ》nayiraγulqu komis	öbür monγul-un surγan kümüjil-ün keblel-ün qoriya	2001 on
年義務教育全日制小学校教科書『国語』(第4巻)	内モンゴル教育出版社小学校及び初級中学『国語』教科書編委員会	内モンゴル教育出版社	2001年
sün jil-ün alban jirum-un büküli edür-ün ürimtü baγa surγauli-du üjekü kele bičiγ (tabaduγar debter)	öbür monγul-un surγan kümüjil-ün keblel-ün qoriyan-u dumdadu baγa surγauli-yin《kele bičiγ》nayiraγulqu komis	öbür monγul-un surγan kümüjil-ün keblel-ün qoriya	2002 on
年義務教育全日制小学校教科書『国語』(第5巻)	内モンゴル教育出版社小学校及び初級中学『国語』教科書編委員会	内モンゴル教育出版社	2002年
sün jil-ün alban jirum-un büküli edür-ün ürimtü baγa surγauli-du üjekü kele bičiγ (jirγuduγar debter)	öbür monγul-un surγan kümüjil-ün keblel-ün qoriyan-u dumdadu baγa surγauli-yin《kele bičiγ》nayiraγulqu komis	öbür monγul-un surγan kümüjil-ün keblel-ün qoriya	2002 on
年義務教育全日制小学校教科書『国語』(第6巻)	内モンゴル教育出版社小学校及び初級中学『国語』教科書編委員会	内モンゴル教育出版社	2002年
isün jil-ün alban jirum-un büküli edür-ün ürimtü baγa surγauli-du üjekü kele bičiγ (duluduγar debter)	öbür monγul-un surγan kümüjil-ün keblel-ün qoriyan-u dumdadu baγa surγauli-yin《kele bičiγ》nayiraγulqu komis	öbür monγul-un surγan kümüjil-ün keblel-ün qoriya	2002 on
年義務教育全日制小学校教科書『国語』(第7巻)	内モンゴル教育出版社小学校及び初級中学『国語』教科書編委員会	内モンゴル教育出版社	2002年
isün jil-ün alban jirum-un büküli edür-ün ürimtü baγa surγauli-du üjekü《kele bičiγ》nayimaduγar debter	öbür monγul-un surγan kümüjil-ün keblel-ün qoriyan-u dumdadu baγa surγauli-yin《kele bičiγ》nayiraγulqu komis	öbür monγul-un surγan kümüjil-ün keblel-ün qoriya	2002 on
年義務教育全日制小学校教科書『国語』(第8巻)	内モンゴル教育出版社小学校及び初級中学『国語』教科書編委員会	内モンゴル教育出版社	2002年
alban jirum-un tabun jil-ün dürimtü baγa surγauli-du üjekü kele bičiγ (yisüdüγer debter)	öbür monγul-un surγan kümüjil-ün keblel-ün qoriyan-u dumdadu baγa surγauli-yin《kele bičiγ》nayiraγulqu komis	öbür monγul-un surγan kümüjil-ün keblel-ün qoriya	1998 on
義務教育五年制小学校教科書『国語』(第9巻)	内モンゴル教育出版社小学校及び初級中学『国語』教科書編委員会	内モンゴル教育出版社	1998年
alban jirum-un tabun jil-ün dürimtü baγa surγauli-du üjekü kele bičiγ (arbaduγar debter)	öbür monγul-un surγan kümüjil-ün keblel-ün qoriyan-u dumdadu baγa surγauli-yin《kele bičiγ》nayiraγulqu komis	öbür monγul-un surγan kümüjil-ün keblel-ün qoriya	1998 on
義務教育五年制小学校教科書『国語』(第10巻)	内モンゴル教育出版社小学校及び初級中学『国語』教科書編委員会	内モンゴル教育出版社	1998年

注：第9巻と第10巻は旧版の教科書を使用している。

資料 2-2　モンゴル民族学校における初級中学用『モンゴル語』教科書一覧

教科書名	著作者	出版社	出版年
yisün jil-ün alban jirum-un büküli edür-ün dürimtu anγqa jerγe-yin dumdadu surγaγuli-du üjekü《kele bičiγ》(niγedüγer debter)	öbür monγul-un surγan kümüjil-ün keblel-ün qoriya-u dumdadu baγa surγaγuli-yin《kele bičiγ》nayiraγulqu komis	öbür monγul-un surγan kümüjil-ün keblel-ün qoriya	2001 o
九年義務教育全日制初級中学教科書『モンゴル語』（第1巻）	内モンゴル教育出版社小学校及び初級中学『モンゴル語』教科書編委員会	内モンゴル教育出版社	2001年
yisün jil-ün alban jirum-un büküli edür-ün dürimtu anγqa jerγe-yin dumdadu surγaγuli-du üjekü《kele bičiγ》(qoyaduγar debter)	öbür monγul-un surγan kümüjil-ün keblel-ün qoriya-u dumdadu baγa surγaγuli-yin《kele bičiγ》nayiraγulqu komis	öbür monγul-un surγan kümüjil-ün keblel-ün qoriya	2001 o
九年義務教育全日制初級中学教科書『モンゴル語』（第2巻）	内モンゴル教育出版社小学校及び初級中学『モンゴル語』教科書編委員会	内モンゴル教育出版社	2001年
yisün jil-ün alban jirum-un büküli edür-ün dürimtu anγqa jerγe-yin dumdadu surγaγuli-du üjekü《kele bičiγ》(γurbaduγar debter)	öbür monγul-un surγan kümüjil-ün keblel-ün qoriya-u dumdadu baγa surγaγuli-yin《kele bičiγ》nayiraγulqu komis	öbür monγul-un surγan kümüjil-ün keblel-ün qoriya	2002 o
九年義務教育全日制初級中学教科書『モンゴル語』（第3巻）	内モンゴル教育出版社小学校及び初級中学『モンゴル語』教科書編委員会	内モンゴル教育出版社	2002年
yisün jil-ün alban jirum-un büküli edür-ün dürimtu anγqa jerγe-yin dumdadu surγaγuli-du üjekü《kele bičiγ》(dörbedüγer debter)	öbür monγul-un surγan kümüjil-ün keblel-ün qoriya-u dumdadu baγa surγaγuli-yin《kele bičiγ》nayiraγulqu komis	öbür monγul-un surγan kümüjil-ün keblel-ün qoriya	2002 o
九年義務教育全日制初級中学教科書『モンゴル語』（第4巻）	内モンゴル教育出版社小学校及び初級中学『モンゴル語』教科書編委員会	内モンゴル教育出版社	2002年
alban jirum-un γurban jil-ün anγqa jerγe-yin dumdadu surγaγuli-du üjekü《kele bičiγ》(tabaduγar debter)	öbür monγul-un surγan kümüjil-ün keblel-ün qoriya-u dumdadu baγa surγaγuli-yin《kele bičiγ》nayiraγulqu komis	öbür monγul-un surγan kümüjil-ün keblel-ün qoriya	1991 o
義務教育三年制初級中学教科書『モンゴル語』（第5巻）	内モンゴル教育出版社小学校及び初級中学『モンゴル語』教科書編委員会	内モンゴル教育出版社	1991年
alban jirum-un γurban jil-ün anγqa jerγe-yin dumdadu surγaγuli-du üjekü《kele bičiγ》(jirγuduγar debter)	öbür monγul-un surγan kümüjil-ün keblel-ün qoriya-u dumdadu baγa surγaγuli-yin《kele bičiγ》nayiraγulqu komis	öbür monγul-un surγan kümüjil-ün keblel-ün qoriya	1991 o
義務教育三年制初級中学教科書『モンゴル語』（第6巻）	内モンゴル教育出版社小学校及び初級中学『モンゴル語』教科書編委員会	内モンゴル教育出版社	1991年

表注：第5巻と第6巻は旧版の教科書を使用している。

第二章　モンゴル民族教育と歴史・文化の継承

料 2-3　歴史教育に関わる小学校『社会』教科書一覧

科書名	著作者	出版社	出版年
sün jil-ün alban jirum-un surγan kümüjil-ün tabun jil-ün dürimtü aγa surγaγuli-du üjekü《neyiγem》(γurbaduγar debter)	arad-un surγan kümüjil-ün keblel-ün qoriyan-u γajar jüi neyiγem-ün tasuγnayiraγulba	öbür monγul-un surγan kümüjil-ün keblel-ün qoriya orčiγulun kebleγülbe	2002 on
年義務教育五年制小学校教科書 社会』(第3巻)	人民教育出版社地理社会室	内モンゴル教育出版社翻訳出版	2002 年
sün jil-ün alban jirum-un surγan kümüjil-ün tabun jil-ün dürimtü aγa surγaγuli-du üjekü《neyiγem》(dörbedüγer debter)	arad-un surγan kümüjil-ün keblel-ün qoriyan-u γajar jüi neyiγem-ün tasuγ nayiraγulba	öbür monγul-un surγan kümüjil-ün keblel-ün qoriya orčiγulun kebleγülbe	2002 on
年義務教育五年制小学校教科書 社会』(第4巻)	人民教育出版社地理社会室	内モンゴル教育出版社翻訳出版	2002 年

料 2-4　分析対象の初級中学『中国歴史』教科書一覧

科書名	著作者	出版社	出版年
sün jil-ün alban jirum-un surγan kümüjil-ün dörben jil-ün dürimtü nγa jerγe-yin dumdadu surγaγuli-in surqu bičiγ《dumdadu ulus-un eüke》(qoyaduγar debter)	arad-un surγan kümüjil-ün keblel-ün qoriyan-u teüke-ün tasγu nayirγulba	öbür monγul-un surγan kümüjil-ün keblel-ün qoriya orčiγulun kebleγülbe	2001 on
年義務教育四年制初級中学教科書 中国歴史』(第2巻)	人民教育出版社歴史室	内モンゴル教育出版社翻訳出版	2001 年
sün jil-ün alban jirum-un surγan kümüjil-ün dörben jil-ün dürimtü nγa jerγe-yin dumdadu surγaγuli-in surqu bičiγ《dumdadu ulus-un eüke》(γurbaduγar debter)	arad-un surγan kümüjil-ün keblel-ün qoriyan-u teüke-ün tasγu nayirγulba	öbür monγul-un surγan kümüjil-ün keblel-ün qoriya orčiγulun kebleγülbe	2001 on
年義務教育四年制初級中学教科書 中国歴史』(第3巻)	人民教育出版社歴史室	内モンゴル教育出版社翻訳出版	2001 年

料 2-5　初級中学『モンゴル民族の歴史』教科書一覧

教科書名	著作者	出版社	出版年
alban jirum-un surγan kümüjil-ün nγa jerγe-yin dumdadu surγaγuli-du üjekü《monγul ündüsüten-u eüke》	《monγul ündüsüten-u teüke》nayiraγulqu duγuyilanγ nayiraγulba	öbür monγul-un surγankümüjil-ün keblel-ün qoriya orčiγulun kebleγülbe	1998 on
義務教育初級中学教科書『モンゴル民族の歴史』	『モンゴル民族の歴史』編纂会	内モンゴル教育出版社	1998 年

81

第三章
バイリンガル教育の歴史的変遷

　本章では、モンゴル民族教育におけるバイリンガル教育の歴史的変遷とその特徴を分析し、バイリンガル教育が今日までのモンゴル民族教育にいかなる影響をもたらしたかを検討する。

第一節　中国のバイリンガル教育政策

1　少数民族の言語・文字に関する政策

　現在55の少数民族のなかでは回民族、満民族が漢語を使っているが、各少数民族はすべて固有の言語を有している。一部の民族は数種の言語を併用しており、少数民族言語の種類は80以上にのぼる。少数民族はその民族の言語・文字を使用し発展させる自由を有するが、それは、法律が少数民族に賦与する基本的権利であるばかりでなく、民族平等の重要なメルクマールでもある。

　中国の少数民族言語に関する法律の大部分は1950年ごろに制定されている。そのなかでもとくに、「中華人民共和国憲法」、「中華人民共和国義務教育法」や「中華人民共和国民族区域自治法」における規定において、少数民族言語の特徴が端的に表現されている。

　中華人民共和国憲法第4条では、「いずれの民族もすべて自己の言語・文字を使用し、発展させる自由を有し、自己の風俗習慣を保持または改革する自由を有する」とされ、民族の言語・文字や文化・生活習慣の「自由」があるとされている。さらに、第6条において、「学校は全国に通用する共通語を広め、使用しなければならない。少数民族の児童・生徒を受け入れる学校では、少数民族の使用する言語・文字を用いて教育することができる。」とされている。

　これらの規定により、学校教育では共通語の学習が義務付けられ、同時に民

族の言語・文字を学習することが後押しされている。

　1986年の中華人民共和国義務教育法第6条では、「学校は、全国に通用する共通語を広め、使用しなければならない。少数民族の生徒を主として受け入れる学校では、少数民族の使用する言語・文字を用いて教育することができる」とされている。

　中華人民共和国民族区域自治法は、1984年に制定されたが、中国が統制経済を改革し、経済政策の中に市場経済を導入するにつれて、現状に適合しない欠陥が指摘されるようになってきた。そのために2001年の2月28日、第9期第12次の中国全国人民代表大会で改正された。

　中華人民共和国民族区域自治法では、バイリンガル教育に関しては以下の通り記されている。教育課程に関して、1984年当初は、37条3項後段で「小学校高学年及び初級中学では、漢語課程を設け、全国的に通用する共通語を押し広め」とされていたものが、2001年に「状況に基づいて小学校の低学年または高学年から漢語課程を設け、全国的に通用する共通語と簡体字を押し広める」（37条3項）と変えられている。また文化事業に関する47条1項では、当該民族の言語・文字を使用して訴訟を行う権利を保障するために、「その地方で通用する少数民族の言語・文字に通じた要員を合理的に配置しなければならない」としている[1]。その後、2010年の民族区域自治法の改正において、民族自治地方の教育分野が重要視されるようになっている。

　少数民族の言語・文字に関する法律上は、少数民族の言語・文字の「自由」が強調されている。それにより、1949年以降、少数民族言語の平等と発展のために民族政策を中心として文字を持たない少数民族言語の文字化と、その言語による教育に力を入れてきた。しかし一方で、国家統合と近代化を進める中国にとって共通語である漢語の普及も重要視され、学校教育での漢語の学習が義務付けられている。

2　中国におけるバイリンガル教育

　中国におけるバイリンガル教育とは、民族語を母語とする少数民族が、学校

教育で漢語を学習することである。漢民族に対して学校で行われている外国語学習はバイリンガル教育とは言わず、外国語教育あるいは英語教育と名づけられる場合が多い。

　55の少数民族の言語状況はさまざまである。例えば、民族学校がない場合や両親が民族語を話さない場合は漢語が母語で、民族語が第二言語になる。また複数の民族が交ざって居住している場合には、母語と地域で使用される民族語、そして漢語という三種類の言語をもつ民族もいる。さらに近年、英語学習が求められているため、地域語、民族語、漢語と英語の学習という多言語学習となる。

　55という多数の少数民族を抱える中国では、一般的に少数民族がそれぞれの民族の言語を用いることを認めたうえで漢語を学校教育で学習するように義務付けている。中国におけるバイリンガル教育の特徴を費考通の「中華民族多元一体」説に基づいて考えてみる。まず、「中華民族多元一体」とは、56民族の歴史、文化、社会をそれぞれ尊重するとともに、各民族が相互に連帯し補完し合い、国家としての「一体」性を保つことを意味している[2]。ここから「中華民族多元一体」と中国少数民族バイリンガル教育の関係を①「多元」という概念によって少数民族の言語を尊重しながら、②「一体」という概念によって、共通語として漢語学習を通して国家が整合性を持つことを表していると解釈できる。

　中国のバイリンガル教育は北方と南方とで事情が異なる。北方のモンゴル民族、朝鮮民族、チベット民族、ウイグル民族などは民族文字があり、学校教育の歴史があるが、南方のミャオ民族、イ民族、チワン民族などの民族文字の普及が遅く、民族学校が存在しない。このような民族学校におけるバイリンガル教育の形式を張瓊華[3]は三つのタイプにまとめている。

① 民族言語を教授言語とし、漢語を教科として学習する
② 漢語を教授言語として民族言語を教科として学習する場合と、民族言語を漢語学習の補助として使う場合
③ 科目の半分を民族言語で教え、残りの半分を漢語で教える

中国では各少数民族の言語で大学入試を受けることも認められているので、民族語で学校教育を受けること自体が不利益を被るとは言えない。しかし実際のところ、漢語ができないと将来、生活範囲が限られ、また大学での授業も一部の学科を除いて漢語で教えられるため、不利益が大きい。

　中国のバイリンガル教育における民族語と漢語の重要度に関して、王錫宏は少数民族教育の基本的な問題は教授言語にあると捉えて、それが民族教育の発展に直接関連すると指摘している。また法整備の規定を守り、少数民族の民族語による教育を強化する必要があると述べ、これがバイリンガル教育を発展させ普及させるためにもなると強調している[4]。王が言うように、バイリンガル教育にとっては、確かに教授言語と法整備が重要になる。

3　モンゴル民族教育とバイリンガル教育政策

　清朝時代の教育は官学、学堂教育、地方教育、寺院教育と4種類に分類することができる。官学は主に八旗[5]官学であり、これ以外にも地方官学があった。子どもは多民族で満州語、モンゴル語と漢語を学んでいた。教育内容は軍事教育が重要視されていた。

　20世紀はじめから清朝の教育制度に大きな変化が起こり、近代化に取り組まれた。モンゴル地域ではグンサンノロブが崇正学堂が創設されている。この学堂はモンゴル、漢両民族の子どもを募集して、モンゴル、漢、日本の教員がモンゴル語、漢語、日本語とロシア語を教えていた。

　地方には義学、書院・書房と私塾があり、私塾教育にも農業地域・半農半牧地域・純牧畜業地域と三種類があった。その種類によって言語教育が異なっていた。農業地域には漢語とモンゴル語（満州語）あるいは漢語という形を取っていたが、半農半牧地域ではモンゴル語のみの教育からモンゴル語と漢語のバイリンガル教育へ転換し始める試みもあった。純牧畜業地域ではモンゴル語のみの言語教育が続いていた。

　寺院教育は言語教育の視点からみれば、特別なバイリンガル教育に属する。寺院での教育媒介語はモンゴル語であるが、言語教育の環境はチベットから遠

く離れた地域であるため、ラマ生徒たちは寺という限られた環境で、話しことばから切り離された経典言語のチベット語を勉強していた[6]。

1949年、中華人民共和国の成立後、最初にとられた少数民族に関する政策は、1949年の臨時憲法の性質をもつ「中華人民政治協商会議共同要綱」（中華人民共和国政治協商会議共同要綱）であった。このなかで、第6章「少数民族政策」では「人民政府は各少数民族が各少数民族の政治、経済、文化、教育の建設事情を援助すべきである」と規定されている。また1952年に「中華人民共和国民族区域自治実施要綱」（中華人民共和国民族区域自治を実施するための要綱）が制定され、「中華人民共和国民族区域自治」に関する政策や少数民族の言語、文字、風習に関する様々な少数民族政策が打ち出された[7]。

学校教育においては、1956年に北京語を母体とする共通語を制定し、小学校段階からの徹底的な普及活動に着手した。少数民族地区では、共通語普及の条件が整っている地区から当該少数民族語と並行して共通語の授業が小学校から始められていた。民族語が教授言語であると同時に、漢語はひとつの科目として設けられるようになる。しかし、当時少数民族教育の重点は政治や行政における幹部の養成であったため、漢語教育はあまり普及しなかった。その後、大躍進政策、文化大革命の影響により、少数民族政策を実施する部局が廃止され、少数民族の言語による教育、少数民族の言語で書かれた教材、翻訳編集部局、民族教育事業なども中止された。

1949年の中華人民共和国の成立に先立ち国家の基本方針として大漢民族主義は排除され、漢語の強制も否定されていた時期もあった。しかし中央政府の民族政策には比較的早い時期から漢語普及という原則が加わるようになった[8]。このように民族言語政策において、国家の統合政策と一貫性が優先された。

文化大革命後は民族教育が回復し、発展した時期である。中国の改革開放に伴い、関連法規や重要な方針・政策が打ち出された。具体的には、「中華人民共和国民族区域自治法」、「中華人民共和国義務教育法」、「中華人民共和国教師法」、「中華人民共和国教育法」などである。また1980年、教育部と国家民族事務委員会[9]が共同でまとめた「関于加強民族教育工作的意見」（民族教育

業務の改善に関する意見）が中国共産党中央委員会で認められた。そこでは、民族自治区の発展と近代化には大量な人材が必要であることが強調された[10]。この時期の少数民族教育政策の中心は国家統一のための少数民族幹部の養成から経済復興を重視し、再び少数民族教育が強調されたのである。

第二節　モンゴル民族教育におけるバイリンガル教育

1　内モンゴル自治区のバイリンガル教育の現状

　モンゴル民族学校ではモンゴル語が教授言語として採用される場合が多い。しかし、内モンゴル自治区は中国の一部であり、人口の80％以上が漢族によって占められている。従って、モンゴル民族の子どもたちは家庭や学校（モンゴル民族学校に通っている場合）でモンゴル民族同士ではモンゴル語を使い、街でモンゴル民族と判断できないときや漢民族と話すときは、漢語で話すのが通例である。地方に見られるモンゴル民族が多く居住して形成された場合を除き、モンゴル民族の子どもは自民族の文化と中国主流の文化である漢民族文化の間を往来している。内モンゴル自治区では、モンゴル語の使用状況は地域によって事情が異なるが、モンゴル語が話せない人々は基本的に大都市に集中している。それ以外に、漢民族居住地と隣接する地域や漢民族と雑居する地域では漢語の影響がわりと深刻である。地域によってモンゴル語を完全に失い、漢語を母語として使用する人々も少なくない。

　フレルバートルは、現在の内モンゴル自治区におけるモンゴル語の使用状況及びその変遷過程を次の4段階に区分している。[11]

① 民族語を失い、言語的に漢化された人々
② モンゴル語を第二言語とし、普段は漢語を使う人々
③ 漢語とモンゴル語の混合語を使う人々
④ 比較的に純粋なモンゴル語で話す人々

前述したように、バイリンガル教育の形式には三つのタイプがある。張はこの現状を以下のように分析している[3]。

まず漢語を教授言語としているのは、ウイグル民族やチベット民族であり、バイリンガル教育＝漢語教育という意識がある。これらの民族は民族語を喪失する心配は当面ほとんどなく、漢語のできない子どもたちにいかに漢語を教えるかということが課題である。

次に民族言語を教授言語としているのは、モンゴル民族と朝鮮民族であり、これは学校教育を通して民族語を保持しつつ、漢語を学習することを目的としている。また、民族語を喪失した子どもに民族語を取り戻させるための教育も行われているという。

出羽孝行[12]は最近の朝鮮民族の教授言語が民族言語から漢語へと変化しつつあり、これによって自民族意識が弱体化する傾向があると述べている。つまり、これらの複眼的な検証からモンゴル民族のバイリンガル教育では民族言語を教授言語とした状況が維持されており、変化があまり見られないといえよう。

2 実社会におけるモンゴル語と漢語の使用状況

実際、内モンゴル自治区ではどのぐらいの割合でモンゴル語と漢語が使用されているかを、内モンゴル自治区の首府であるフフホト市でみてみる。フフホト市の総面積は 2054 平方キロであり、総人口は 1,096,900 人である。そこに、モンゴル民族、回民族、満民族、朝鮮民族などの 34 の民族が居住している。その中でモンゴル民族は約 11％を占めている。フフホト市の人口の多くは漢民族であり、チベット仏教の寺院のほかは、モンゴル民族特有と思われる要素はあまりない。公的機関と大企業、主に都市部では使用言語において漢語がすでに基軸となりつつあり、社会参加の条件として漢語の運用能力が不可欠となっている。都市部では漢民族人口の比重が相対的に多いという事情もあり、都市部を中心とする公的勤務場所の人員がかなりの割合で漢民族によって占められている現状がある。特に政府の行政機関や役所、裁判所、病院、企業などといった職場の多くで使用される言語としては、必然的に漢語が主流になって

いる。以前はこれらの機関のものをモンゴル語に訳していたが、今では漢語が普及されてきたため翻訳がほとんど必要とされなくなっている。

　中華人民共和国の成立にともなって、政府により定められた各民族の言語・文字の使用権利に関する原則は、現在においても基本的に変化はなく、法律的な根拠も与えられている。しかし実際面においては、公的機関や企業において、これらの規定の精神に厳密にしたがった言語使用のあり方が見られるとは必ずしも言えない面がある。

　ソロンガは、都市部におけるモンゴル民族家庭の生活実態を食生活、居住、年中行事、付き合い、保護者の子どもの民族教育に対する望み、家族成員の民族アイデンティティを中心に現地調査を行い、フフホト市に住んでいるモンゴル民族の中でも年代によって大きく異なることを明らかにしている。40代、50代で子どもを持つ親はモンゴル語を話し、モンゴル民族の生活習慣、モンゴル民族に対するアイデンティティを持っているが、一方子どもたちは漢民族学校に通い、モンゴル語を少しは理解できるがほとんど話せず、自民族に対して疎外感が生まれていると分析する[13]。モンゴル語より漢語優先の現状が特に都市部で目立ち、とりわけ若い世代に著しい傾向がある。

3　内モンゴル自治区のバイリンガル教育政策の変遷

（1）　1949年以降（中華人民共和国成立以降）

　内モンゴル自治区の成立当初、1947年ごろには各地域のモンゴル語・モンゴル民族文化に関してみると、モンゴル民族の児童・生徒はモンゴル語学習に対して、「モンゴル語は劣っていて、それを使用してはいけない」・「モンゴル語を勉強しなくても将来は同じ仕事に就ける」・「モンゴル語を学習しても大学に進学すれば使えなくなる、しかも進学と矛盾している」などと感じていた。また政府関係者もモンゴル語やモンゴル民族文化に対して軽視する現状があった[14]。

　このような現状で、1951年11月の「関于第一次全国民族教育会議的報告」（第一回全国民族教育会議に関する報告）では、少数民族教育の言語問題に対

して、「あらゆる文字を持つ民族、例えばモンゴル民族・朝鮮民族・チベット民族・ウイグル民族・カザフ民族など、は小学校及び初級中学の各科目を必ず自分の民族語を用いて授業を行う」・「自民族の言語を有するが、文字を持たない或いは文字が不完全な民族は、漢語或いはその民族が慣れている言語を用いて授業を行う」ように指示している[15]。

また1949年の「内蒙古第一次教育会議」(内モンゴル自治区第一回教育会議)や1954年の「全区第一届民族教育会議」(内モンゴル自治区全域第一次民族教育会議)の中でも、特に民族語で教育を行うための意義の重要性が指摘されるとともに民族言語を発展させる一連の措置や方法が提出された[16]。

このように、民族語で教育を行うことは中央政府の民族教育政策の重要な内容であるというスローガンは50年代から掲げられていた。そのスローガンのもとでモンゴル語、モンゴル文字が重要視されるようになり、比較的発展を遂げてきたのは事実である。

1954年から1957年までの重点は、民族語と民族研究の重点が中央政府の民族語政策や民族教育政策を宣伝し継続することを貫徹することであり、民族言語を軽視している現象をなおし、民族教育の政策を進め、モンゴル民族学生のモンゴル語・漢語で教育を行うことの有効的なルートを探ることであった。

1958年から1961年までの重点は、これまでの実施と探索をもとにして、全面的かつ系統的に総括し、具体的な教育現象に対しては比較的高いレベルの理論と政策分析を行う。経験を帰納し、成績を受け止め、問題点を明らかにし具体的な改善方法を探り出す。これと同時に多数の調査、総括、研究を行い、それに基づいて漢語教育のモデルとなる具体的な方案を提出し、漢語教育を次第に正規化、科学化へと進めていくことである。

1962年から1965年までは、内モンゴル自治区における「民族語文及民族教育会議」(民族語及び民族教育に関する会議)に続いて「全区中学・師範学校蒙語文教師学習会議」(全内モンゴル自治区初級中学・師範学校モンゴル語教師の研修会議)が開かれた。そこで一連の重要な条例が公表され、全区のモンゴル民族教育、特に初級中学、師範学校におけるモンゴル語教育の整備が

着々と進められるようになった。これと同時に、民族教育に関する研究では、単なるモンゴル語・漢語の教育に関する研究から理系科目をモンゴル語で教えることに関する研究まで研究領域が広がったのである。したがって、この時期にモンゴル語・漢語の教育と研究活動が新しい段階に至った。

　1957年以降、内モンゴル自治区では「蒙漢兼通」が打ち出され、モンゴル民族が漢語を身につけることを求める運動が行われた。この「蒙漢兼通」というのは、モンゴル民族が漢語を学び、漢民族がモンゴル語を学ぶというお互いに学びあうという方針だった。しかし実際には、漢語を学習したモンゴル民族は多かったが、モンゴル語を学習した漢民族は極めて少なかった。1962年の「全区民族語言及民族教育会議」（全内モンゴル自治区の民族言語並びに民族教育会議）では、こうした「行き過ぎ」を批判している。ただし、この時点でモンゴル語軽視の姿勢は完全に払拭されたわけではなかった。

　内モンゴル自治区が成立した当時は、モンゴル語が軽視されていたため、50年代はそれを正すためにモンゴル語での教育活動が中心的に行われていた。それと同時に、条件が整っている民族学校では漢語教育も教えるようになっていた。1954年11月に「全区第一次民族工作会議」（全内モンゴル自治区の民族業務会議）が開かれて、当時内モンゴル自治区の副主席兼教育局部長のハーフンガ（哈丰阿）[17]は「内蒙古民族教育的方向和任務」（内モンゴル自治区民族教育の方針と任務）の中で、モンゴル語で教育を行うことの必要性を強調し、それと同時に漢語も学習する必要があると述べている[18]。

　この時期の漢語教育に関して岡本は、漢語教育の主要な目的が国家統合にあることが露骨に表れ、漢族・漢文化＝先進、モンゴル族・モンゴル文化＝後進であり、モンゴル族は自力で先進レベルに達し得ないという「大漢民族主義」がにじみ出ていると指摘している[19]。

（2）　1967年～1977年（文化大革命期）

　文化大革命の10年間で、少数民族教育は深刻な破壊を被る。全国でわずか10校だった民族学院の多くが破壊されたり、休校を迫られたりした。少数民

族教育は空前の規模の打撃をうけることになった。フフホトでは、文化大革命以前は10校あったモンゴル民族の小学校及び初級中学がすべて廃校に追い込まれ、モンゴル民族教師93人のうち、3人が死亡し、55人が学校から追い出され、29人が転勤させられた。このような状況で、多くのモンゴル民族の児童・生徒が学校に通えなくなった。民族教育は民族分裂であるとみなされ、多くの民族学校ではモンゴル語の授業が取り消されたのである。モンゴル民族児童・生徒のうちモンゴル語を学ぶ者の比率は、文革前の8割程度(モンゴル語を1教科として教えていたクラスも含む)から1.7%にまで低下した[20]。

(3) 1978年以降(改革開放)

文化大革命の被害を受けた内モンゴル自治区は、1978年から民族教育を全面的に回復させる動きを始めた。同年2月15日に内モンゴル自治区教育庁が出した「民族教育工作汇報提綱」の中では、「民族教育・民族学校を中心的に発展させ、少数民族の人材や教師の育成を続けることが強調されている。また民族語を発展させ、モンゴル語教育を強化させると同時に漢語教育に力をいれ、小学校及び初級中学のモンゴル語と漢語の教材は少数民族が各自で編纂するが、そのほかの科目の教材は原則的に全国統一のものを翻訳する」と記述されている[21]。

1980年6月6日に内モンゴル教育局が「関于恢復和発展民族教育的幾点意見的報告」(民族教育の恢復と発展に関する意見と報告)を出し、「5年制の小学校を普及させる、初級中学の教育を積極的に復旧し、発展させ、民族教育の素質を高める、少数民族も技術人材と管理幹部の育成を速める」、などの意見が出されている。この報告書の「民族教育の素質を高める」中で民族言語・文字の教育を強化し、モンゴル語ができる子どもたちにはモンゴル語で教え、モンゴル語ができない子どもたちには漢語で教えると同時に、教科としてモンゴル語を教えるようにする。また分散して居住している地域の子どもたちにモンゴル語を学習できるように、いち早くモンゴル民族学校の設立やモンゴル語クラスを設けるようにと指示している。

1981年5月に配布された「関于自治区教育工作情況和今后意見的報告」（内モンゴル自治区の教育業務状況と今後の見解に関する報告）の第二部分「全区民族教育工作的情況」（全内モンゴル自治区民族教育業務状況）の中でも、モンゴル語を教授言語としている学校は、まずモンゴル語の学習を強化し、次第に「蒙漢兼通」に達する志向性の堅持を原則とする、と述べている[22]。

　胡春梅はこの時期のモンゴル民族教育について、モンゴル民族の小学校及び初級中学のモンゴル語教育の質は全体的に高くなり、モンゴル民族の児童・生徒たちはモンゴル語の応用能力も向上しているという。モンゴル語・文字に関する基礎的な知識と機能をしっかりと把握し、モンゴル語・文字に関する事業の発展と繁栄に大きな予備力を培った。また、モンゴル民族小学校及び初級中学の漢語教育の質は向上したと評価している[23]。

　文化大革命が終わったあと、1980年代初期にはモンゴル語やモンゴル民族教育の復活に力を入れたのである。これと同時に漢語教育も重要視され、モンゴル語と漢語のバイリンガル教育が民族教育には欠かせない一部分となる。

　2000年代になると、グローバル化や経済発展に伴ってモンゴル語と漢語のバイリンガル教育を超えて、人々は英語の必要性を強く感じとり、モンゴル民族学校も英語教育の導入に積極的に取り組み始めた。

まとめ

　本章でみてきた、モンゴル民族教育におけるバイリンガル教育がたどった軌跡は、中華人民共和国成立後の穏やかな開始、50年代後半からの促進、70年代後半の再スタート、そして80年代からの強化であった。

　モンゴル民族学校における漢語教育は新中国成立当初の民族政策にしたがい、当初は穏やかな枠組みの下に始められた。モンゴル語が教授言語となるモンゴル民族学校において漢語教育がスタートしたこと自体、国民統合を図っていく上で重要な一歩であったと言えよう。1950年代後半以降、漢語教育の促進が打ち出され、その後1980年代前半に出された「蒙漢兼通」の理念は、民族言

語を基軸としつつ漢語の運用能力の達成を目指す志向性に立脚したバイリンガル教育政策であると言えよう。

　中国のバイリンガル教育政策はモンゴル語を重視するスローガンをもちつつ、一方で国民・国家統合のために漢語も重要視されてきた。モンゴル民族側は、バイリンガル教育は民族教育発展のためになるとみなし、モンゴル語より漢語教育に力を入れてきた。このように、モンゴル民族教育におけるバイリンガル教育は、モンゴル語より漢語が重視されたのである。

注
1) 『民族区域自治法及其配套規定』中国法制出版社、2002年。
2) 費孝通『中華民族多元一体格局』中華民族大学出版社、1999年。
3) 張瓊華「中国における二言語教育と少数民族の選択」『東京大学大学院教育学研究科紀要』第41巻、2002年。
4) 王錫宏「中国における少数民族教育の実態及びその課題」『東京大学大学院教育学研究科紀要』第38巻、1998年。
5) 八旗とは清朝の軍事行政単位で、ほとんど女真人、一部モンゴル人と漢人を編入したものである。
6) ハスバガナ「清朝時代のモンゴル族教育と言語教育」『東京大学大学院教育学研究科紀要』2000年、第40巻、89-115頁。
7) 江平『中華民族問題的理論与実践』中共中央党校出版社、1994年。
8) 庄司博史「中国少数民族語政策の新局面―特に漢語普及とのかかわりにおいて」『国立民族学博物館研究報告書』第27巻、第4号、683-724頁、2003年。
9) 国家民族事務委員会は中華人民共和国国院に所属し、中国共産党の民族政策により国内少数民族の権益保護を目的とする国家委員会である。
10) 藤星・王軍主編『20世紀中国少数民族与教育』民族出版社、2002年、302-309頁。
11) フレルバートル「内モンゴル自治区の民族教育をめぐる諸問題」『言語・国家、そして権力』親世社、1997年、93-94頁。
12) 出羽孝行「中国延辺の朝鮮族学校における二言語教育の可能性」関西教育学会編『関西教育学会研究紀要』第5巻、2005年。ここでは2004年に「延辺朝鮮族自治州教育条例」において、朝鮮族学校で漢語を教授言語に用いることが正式に認められることになる」と記されている。
13) ソロンガ「中国内モンゴル自治区における民族教育の現状―都市部のモンゴル家族の生活実態を中心に」愛知県立大学『愛知県立大学大学院国際文化研究科論集』第7巻、

2006 年、205-234 頁。
14) 韓達主編『中国少数民族教育史　第 2 巻』中国少数民族教育史編委会編、雲南教育出版社、広西教育出版社、広東教育出版社、1998 年、108 頁。
15) 同上書、109 頁。
16) 同上書、130 頁。
17) ハーフンガ（1908 年〜1970 年）は通遼市ホルチン左翼中旗出身である。1945 年 8 月 18 日、王爺廟 (現オラーンホト) で「内モンゴル人民解放宣言」を行い、「内モンゴル人民開放委員会」を組織して、内モンゴル人民革命党の活動を始める。内モンゴル自治区政府が成立された時は自治区政府副主席となった。
18) 胡春梅『民族教育発展研究』内蒙古教育出版社、2003 年、193-197 頁。
19) 岡本雅享『中国少数民族教育と言語政策』社会評論社、1999 年、215-216 頁。
20) 同上書、217-218 頁。
21) 韓達主編、前掲書、134-137 頁。
22) 同上書、141 頁。
23) 胡春梅「蒙漢双語教育 50 年」『民族教育発展研究』内蒙古教育出版社、2003 年、193－199 頁。

第四章

英語教育の導入とモンゴル民族教育

　本章では、英語教育がモンゴル民族学校に導入された背景と目的を概観し、それによってモンゴル民族教育に生じている変化や問題点を考察する。始めに、「外国語活動」として英語教育の小学校での必修過程を検討した上で、次に民族学校の事例を通して、英語教育の導入に伴うモンゴル民族教育の動向を考察する。

第一節　「外国語活動」必修化の背景と目的

1　中国における小学校への外国語教育の導入

　1990年代半ば以降、小学校段階における英語教育が各国で著しく拡大している。近隣アジア諸国を例にみると、1996年にはタイ、1997年には韓国で小学校での英語が必修科目となった。そして日本では、2011年から小学校高学年に「外国語活動」として、英語が導入された。その「外国語活動」の目標は、「外国語を通じて、言語や文化について体験的に理解を深め、積極的にコミュニケーションを図ろうとする態度の育成を図り、外国語の音声や基本的な表現に慣れ親しませながら、コミュニケーション能力の素地を養う」こととされる[1]。

　韓国では、母語である韓国語を使用せずに、英語のみで教える「English Only Policy」を2010年より小学校中学年で、2011年より高学年で完全実施する方針を政府は打ち出している。これらの国々では社会、経済がグローバル化するなか、国際競争に勝ち抜き、国家の地位を向上させるために国民の英語力は必須であるとし、小学校段階での英語教育を国家戦略として推進している。英語は社会における成功のカギであると考えられ、国民の多くが英語学習

に多くの時間と労力を注いでいる。

　中国では、早い段階から英語を習得することで、将来の進学や就職に有利な条件を獲得できるという意識の高まりがある。英語は、中国での大学進学においては、統一試験の選択必修外国語科目として配点が高く、また、大学入学後も英語専攻でない学生を対象として英語能力を測る統一試験 CET（College English Test）が 1987 年から 2 回、教育部によって行われており、「大学英語課程教学要求」（大学英語教育カリキュラム規定）で示された読む・書く・話す・聞くということについて、卒業要件や学位授与要件が課せられている大学が多い。この試験を毎年約 600 万人もの大学生が受験し、Band4（語彙数が約 4200 語）のレベルを習得しないと卒業は許可されるものの学位は授与されないという大学もある。さらに将来、国際的に活躍する際にも英語の能力は必要不可欠であるといった点で、学生はもちろんのこと、保護者の間でも英語教育に対する熱意は非常に高い。このような「英語熱」への背景のもとで、中国では 2001 年から英語教育が小学校 3 学年から必修となった。

　中国において初めて小学校の教育課程上に外国語教育の一環として英語教育が登場するのは、文化大革命終結後の 1978 年から 80 年にかけてである。当時は文化大革命 10 年間の人材育成の空白部分を一刻も早く取り戻すために都市部を中心に「重点学校」（進学校）が重視され、高等教育に進む人材を確保する政策が採られていた。

　「全日制十年制英語教学大綱（試行草案）」（1978 年）（全日制十年制英語教育学習指導要領・試行草案・1978 年）は、当時の 5-3-2 学制に対応するもので、これによれば条件の整う「重点学校」では小学校 3 学年から、そうでない場合には初級中学 1 学年から開始することと規定されている[2]。

　21 世紀の到来を前に、中国ではさらに、国際化・情報化社会に対応する生涯学習思想に基づく未来志向の教育改革像が「素質教育」[3]として打ち出された。同時に、2001 年の「中国共産党第十五届三中全会」（中国共産党第十五期中央委員会第三回全体会議）と「第 3 次全国教育工作会議」（第 3 回全国の教育工作に関する会議）の精神を貫徹するために、「教育は現代化に、世界に、

未来に向かわなければならない」という戦略的指導思想をさらに実現していくために、教育部は、小学校における英語教育開設を 21 世紀において初めての基礎教育課程改革の重点項目とすることを決定した。小学校における英語教育課程開設推進の基本目標は、以下の通りである。

　都市部の小学校では 2001 年の秋から、農村部の小学校では 2002 年の秋から徐々に英語課程を開設する。小学校の英語課程は、一般に 3 学年から開始する。各省、自治区、直轄市の教育行政機関には、実情に合わせて、その地域の小学校における英語課程の目標と段階を定めることが認められている。

　小学校における英語課程が積極的に推進される中でも、日本語やロシア語などその他の外国語教育について尊重される必要性があることから、その他の言語を主たる外国語の科目とする学校が、独自の特色を出すことが奨励されているなど、第二外国語の教育実践活動への取り組みも積極的に打ち出されている[4]。

　以上の英語課程開設の目標のもとで、2001 年「課程標準（試行案）」[5]実施期より外国語教育を小学校のカリキュラムに正式に取り入れることを決定し、「課程標準（試行案）」を一部地域から段階的に導入し、2004 年までの全国での本格実施を計画した。「課程標準（試行案）」は従来の「教学大綱」と異なり、地域や学校の実態に応じて弾力的な運営が可能な方向に移行した。

　2001 年時点において、小学校 3 学年からの外国語教育の位置づけは英語、日本語、ロシア語から一つの言語を選択する形になっているが、実態としてはほとんど英語選択であった。また開始学年は、国内各地の多様な現状をふまえ、一部の先進地域（北京市、上海市、天津市）では小学校 1 学年から開始され、遠隔地域の農村・少数民族地区などで、実際には 4 学年、5 学年からの実施になる場合もある。またすぐに実施とならない場合も、徐々に実施可能となるように措置をとることになっている。

2　モンゴル民族教育における「外国語活動」の背景と目的

　1949 年以降、モンゴル民族教育において、漢語を普及させることが民族の

発展に繋がると中国政府は主張してきた。外国語教育についても、初級中学段階から取り入れていた例もあるが、それほど普及できなかった。改革開放以降、高等教育機関で外国語は必修科目となった。外国語として選択できる言語は、日本語、英語、ロシア語であり、中等教育機関や高等教育機関で最も多く学習していたのは、日本語であった。日本はアジアの中で先進国であることと、日本とモンゴルは、戦前から繋がりをもっていた歴史的な事情もあるからである。

2000年代になると、グローバル化や中国経済の発展に伴って、内モンゴル自治区ではモンゴル語と漢語のバイリンガル教育を超えて、人々は英語の必要性を強く感じとり、モンゴル民族学校も英語教育の導入を積極的に取り組み始めた。

1986年7月1日からは、「中華人民共和国義務教育法」が施行されるに至り、中国は1949年以降はじめての義務教育実施に向けて歩み出し、80年代後半以降、初等、中等教育改革の中心課題は、9年制義務教育の完全実施である。この9年制義務教育の完全実施という課題は、青少年の間の非識字者一掃と合わせて「両基」[6]（「二つの基本」を意味する）と呼ばれ、「重点中の重点」とされる。2005年末までに「両基」の目標を実現した地区の人口は国全体の95％に相当するところにまで達したが、チベット、青海、寧夏、雲南など西北、西南地域が普及のネックとなっている。

その後2006年に改正された「中華人民共和国義務教育法」では、今まで実現できなかった「義務教育の完全無償化、教育の質の向上と機会均等」を目指すなどの方針が盛り込まれている。内モンゴル自治区では、同法の改正と連動する形で「二つの免除、一つの補助」（原語は「両免一補」）政策も実施されるようになり、2006年春の新学期からモンゴル民族学校の小学校及び初級中学では教科書代と雑費が免除され、寄宿舎の費用が免除されることになった[7]。また義務教育の完全無償を実現するとともに、義務教育段階からの外国語の開設が推進される。内モンゴル自治区教育庁が1999年に配布している資料によると、内モンゴル自治区のあらゆる民族教育改革の中で、民族語・漢語・外国語の三言語の教育改革は現在必ず行う必要がある教育改革のひとつであると強

調され、それをより良く、より確実に行うことが最も肝心なところであるという。また民族学校に外国語を導入することは、内モンゴル自治区全体の民族教育改革を促進させ、さらに多くの少数民族の人材を培うための取り組みは目標の重要な柱であるとして、その重要性と必要性が強調されている。このような動きのもとで、内モンゴル自治区教育庁が2001年から全区の民族初級中学1学年からの英語の導入を決定した[8]。

英語必修化の社会背景には中国のWTO（World Trade Organization）加盟（2001年）と北京オリンピック開催（2008年）や保護者からの熱心な要求などはあるものの、これ以外の要因としてあげられるのは「受験制度」である。中国の大学受験は、毎年6月7日から9日までに中国全土で行われる。それは「全国普通高等学校招生入学考試」（全国高等教育入学試験）と呼ばれる、全国一斉の試験（日本のセンター試験に当たる）で行われる。中国は改革開放路線を採り、市場経済化の中で社会変動が生じている。これと連動するかのように教育も大きく変貌を遂げ、中でも高等教育は激動の時代を迎えた。1990年代末から「高等教育拡大政策」が推進され、大学生数が急速に増加している。中国は人口が多いため、大学進学率はそれほど高くないものの、競争は激しいものとなっている。大学進学率は、1990年時点では3%に過ぎなかったが、2001年時点で13%、2006年時点で22%、その後2020年には40%になるという予測がある。受験生数は、2001年に約400万人、2007年に約1010万人となっている。1990年から始まった、高等教育規模の拡大により、1990年から2000年の10年間で、中国大学の進学者数及び在学者数が急速に上昇したのである[9]。

新保敦子は、中国における英語教育の現状について、英語能力を持つ者、つまり英語を学ぶ条件に恵まれた者が優遇され、さらに、民族間や地域間の格差を固定化して不平等を再生産する結果をもたらしている、と述べている[10]。中国では、スタートラインが全く異なる学生同士が、高級中学受験や大学受験において、地域ブロック内統一テストで選別されることになる。そのため、都市部で1学年から英語を学んできた学生が大きく先行した状況となり、農村

出身者や少数民族学生との間に、大きな格差が生まれている。中国において、大学に進学できるかどうかは、都市戸籍を得ることができるか、農村戸籍のままに一生を終えるかという運命の重大な分岐点である。さらに少数民族学生には、大学入試における英語科目という大きな壁が立ちはだかっており、大学入試の時点までに英語能力が高い者が就職でも有利となり、社会的上層を形成する構図となっている。英語能力が高い者はもともと都市部に居住し、経済的にも豊かで子どもに英語を学ばせ、あるいは留学させることのできる裕福な家庭の出身者であるのに対して、少数民族の多くは農村部や遠隔地域に居住しているため、圧倒的に不利な状況に置かれている。

第二節　バイリンガル教育からトライリンガル教育への移行

　内モンゴル自治区に居住しているモンゴル民族の児童・生徒は、実際にどのようなモンゴル民族学校に通い、民族小学校及び初級中学で三言語をどのように習得しているのだろうか。これまでの先行研究が指摘した問題点を、現地調査において確認できるだろうか。英語教育が小学校から導入されたことによって、モンゴル民族学校で新たにもちあがっている課題は何か。これらのことを考察するために3回（2007年9月2日～9月26日・2008年9月22～10月17日・2009年3月19日～4月1日）にわたって現地調査を行い、その現状を考察した。

1　調査対象

　調査対象とする学校は、内モンゴル自治区の中央部にあり、農業と遊牧が行われているAホショーのモンゴル民族学校である。内モンゴル自治区全体の面積は日本の4倍ほどであり、地域によってその状況も大きく異なる。たとえば、東部地域は漢民族の移動が早かったため漢民族の文化にかなり影響され、現在は農業が産業の中心となっている。西部地域は遊牧が中心であり、比較的近年までその生活様態が保たれてきた。Aホショーは漢民族とモンゴル民族

が混合して居住している地域ではあるが、東部の地域に比べて漢民族の文化にあまり影響されず、遊牧の生活様態を維持してきたことが特徴である。しかし、モンゴル民族の生活様式を維持してきたAホショーの生活様態も近年急激に変化している。その主な要因としては内モンゴル自治区全土で進む工業化・都市化、中国政府の実施している定住化政策、漢民族の影響の3点があげられる[11]。モンゴル民族の伝統的な生活様態は遊牧を基本としていたため、都市での定住は、その生活様態に劇的な変化をもたらしている。本章では、Aホショーのモンゴル民族学校を調査対象とする。

2　学校の概要

　モンゴル民族学校があるAホショーの人口は11.3万人であり、そのうちモンゴル民族の人口は1.7万人である。Aホショーに漢民族の小学校は2校、初級中学は2校、高等学校は1校あるが、モンゴル民族学校は小中一貫校が1校ずつあるだけである。以前は中高一貫校と小学校が別だったが、1998年に高等学校が廃止され、2001年から小中一貫校になった。モンゴル民族小学校はAホショーに1校、各ソムにも1校ずつ設置されていたが、それが都市への移動や少子化によってだんだん廃校とされた。2007年に、最後に残っていた2校のモンゴル民族小学校もAホショーの小学校に統合された。このAホショーのモンゴル民族学校の教室、宿舎などの施設はとても充実しており、各教室にはテレビが設置されている。これ以外にも食堂、体育館、教師用の宿舎も建てられている。

　内モンゴル自治区の学校の種類は図4-1の通りである。内モンゴル自治区における学校の種類は大きく、漢民族学校（一般学校）と少数民族学校とに区分される。そのうち、少数民族学校には、モンゴル民族学校とその他の少数民族学校も含まれる。調査対象校はモンゴル民族学校で、教授言語がモンゴル語であり、漢語をひとつの教科として教えている学校である。他方、漢民族学校とは、教授言語が漢語であり、モンゴル語を教育課程に取り入れていない学校である。内モンゴル自治区では、モンゴル民族の児童・生徒はモンゴル民族学校

図 4-1　内モンゴル自治区における学校の種類

図注：漢民族学校（一般学校）とは少数民族以外の学校で、本論文では漢民族学校と称す。甲式とはモンゴル語を教授言語とし、漢語を一教科として学習するモンゴル民族学校を指す。乙式とは漢語を教授言語とし、モンゴル語を一教科として学習するモンゴル民族学校を指す。

と漢民族学校を自由に選択することができるようになっている。

　2007年まで対象校は5・4制だったが、2008年9月から6・3制になった。1986年の中華人民共和国義務教育法成立以降、中国全体の学校に9年間の義務教育の普及が呼びかけられた。当初、内モンゴル自治区の学校は5・3制から5・4制に変更されたのであるが、現在は6・3制となり、表4-1のとおり小学校部は各学年が2クラスで全411名、中学部は表4-2のとおり各学年が3クラスで全206名である。そして教員の構成としては、校長が1名、副校長が2名、一般教員が87名である。その中初等部にはモンゴル語教師10名、漢語教師3名、英語教師2名（非常勤が1名）が在籍しており、中等部ではモンゴル語教師6名、漢語教師4名、英語教師3名（非常勤が1名）が在籍している。

表 4-1　小学校在籍児童数

学年	学級数	男子	女子	総数
1	2	29	42	71
2	2	31	40	71
3	2	30	46	76
4	2	35	26	61
5	2	25	27	52
6	2	44	36	80
計	12	194	217	411

表 4-2　初級中学在籍生徒数

学年	学級数	男子	女子	総数
1	3	28	37	65
2	3	29	41	70
3	3	30	41	71
計	9	87	119	206

著者が初めてこの学校を訪ねたのは、2007年9月2日の日曜日だった。この日は入学手続きのため、保護者と一緒に来ている児童・生徒が多かった。授業が始まる前日は、ほとんどの子どもが保護者と一緒に学校に来て、担任の教師に挨拶し入学手続きを行う。通常、教師は、授業が夏・冬休みの期間中は基本的に出勤しなくてもいいことになっている。入学にかかる費用は以前と比べて家計の負担は軽減されている。これは「中華人民共和国義務教育法」の改定により2007年まで義務教育を無償化するという動きからきているものである。ただ、2学年はノートなどの雑用費で20元と保険金で50元、合計70元を支払う必要があり、5学年になると雑用費が少し上がって50元になり、合計100元を支払う必要がある。

モンゴル民族小学校及び初級中学がAホショーに統合されて以来、農牧地域の子どももAホショーの学校に通うようになった。自宅が一番遠い子どもは120キロ以上も離れているため、とても通える状況ではない。そこで子どもを学校に通わせるためには寮に入れるか、アパートを借りるかという二つの方法がある。小学生の戸籍状況をみると、411名のうち297名が農牧民戸籍である。しかし、このうち寄宿しているのは49名しかいない。中学生の場合は206名のうち159名が農牧民戸籍であり、このうち寄宿しているのは120名で、大多数が寄宿している。これには、小学生の場合は幼すぎて身の周りの面倒をみられないという要因もある。寄宿していない子どもは、親がアパートを借りるか、あるいはマンションを購入して住んでいる。2002年の「生態移民」（詳しくは五章一節）政策以来、遊牧民は家畜を飼えなくなり、職を失いAホショーに移り住むようになった。Aホショー政府は「移民区（家畜を飼えなくなった遊牧民がAホショーに越してきて居住する地区）」という施設を設け、遊牧民に一般の物件より安く住宅を提供している。家畜を飼えなくなった遊牧民にはある程度の生活手当は支給されているが、十分とは言えない。近年、職を失った遊牧民たちがAホショーに引越してきても、仕事がなく放浪する日々を送る人々が特に目立つようになった。

内モンゴル自治区教育庁と財政部の資料によると、2007年秋の新学期（中

表 4-3　小学校宿舎児童数

学年	男子	女子	総数
1		1	1
2	3	2	5
3		3	3
4	1	3	4
5	1	7	8
6	11	17	28
計	16	33	49

表 4-4　初級中学宿舎児童数

学年	男子	女子	総数
1	9	11	20
2	16	27	43
3	23	34	57
計	48	72	120

表 4-5　児童戸籍状況

学年	都市戸籍	農牧民戸籍	総数
1	32	39	71
2	19	52	71
3	23	53	76
4	12	49	61
5	13	39	52
6	15	65	80
計	114	297	411

表 4-6　生徒戸籍状況

学年	都市戸籍	農牧民戸籍	総数
1	23	42	65
2	13	57	70
3	11	60	71
計	47	159	206

国では9月が新学期である）から、義務教育段階のモンゴル語が教授言語である寄宿生の生活を改善するために、小学生は1日4元、中学生は1日5元の補助が与えられることとなった。補助する日数は夏と冬の休みと土日祝日を除いて9ヶ月とされ、これらの補助金の財源は全部自治区の財政が負担するとしている[12]。

3　子どもの一日

　表4-7、8[13]は宿舎に入っている子どもの生活を基にして作成したものである。宿舎に住んでいない子どももこのスケジュールの通りに授業に参加する。宿舎に住んでいる子どもは6時20分に起床、準備をして、朝体操をする。「朝体操」は宿舎にいる子どもと家から通っている子どもが一緒に参加するラジオ体操のようなものである。体操の後は朝食の時間で、宿舎にいる子どもは食堂で朝食をとり、家から通っている子どもは家に戻って朝食をとるか、学校の売店で買う。

　朝礼は、日本のホームルームにあたるものである。余った時間には自習を

する場合もある。1、2時間目が終わると「目の体操」と「授業間体操」がある。目の体操は教室で行われ、授業間体操は外に出て、全校の子どもたちが行う体操である。担任の教師はもちろんだが、担任を持たない教師もなるべく参加することとなっている。著者が訪問した際の授業間体操では2つの体操をしていた。最初にはモンゴル語の歌が流れて、民族の踊りのような体操。これは民族学校のみの体操である。次に漢語の歌が流れ、朝体操と同じものである。3、4時間目が終わると昼食、昼休みの時間である。宿舎にいる児童・生徒は食堂で、家から通っている子どもは家で昼食をとる。第1、2学年の場合は親が迎えに来るが、大きくなると自分たちで歩いて帰る。中国の学校の一年間は9月から始まるため、第1学年を迎えに来ている親たちが学校の入り口に大勢集まっていた。午後は5、6時間目が終わると、また目の体操をする。課外活

表4-7　小学校日課

起床	6：20
準備	6：20— 6：40
朝体操	6：40— 7：00
朝食	7：00— 7：25
学活	7：25— 7：50
1時間目	8：00— 8：40
2時間目	8：50— 9：30
目の体操	9：30— 9：35
授業間ラジオ体操	9：35— 9：55
3時間目	10：00—10：45
4時間目	10：55—11：35
昼食	11：35—11：50
昼休み	11：50—14：45
準備	14：50
5時間目	15：00—15：40
6時間目	15：50—16：30
目の体操	16：30—16：35
課外活動	16：35—17：20
夕食	18：10—18：30
就寝	21：20
消灯	21：30

表4-8　初級中学日課

起床	6：20
準備	6：20— 6：40
朝体操	6：40— 7：00
朝食	7：00— 7：25
学活	7：25— 7：40
1時間目	7：50— 8：35
2時間目	8：45— 9：30
目の体操	9：30— 9：35
授業間ラジオ体操	9：35— 9：55
3時間目	10：00—10：45
4時間目	10：55—11：40
昼食	11：40—12：00
昼休み	12：50—14：45
準備	14：50
5時間目	15：00—15：45
6時間目	15：55—16：40
目の体操	16：40—16：45
課外活動	16：45—17：25
7時間目	17：30—17：15
夕食	18：15—18：35
準備	19：50
夜自習	20：00—21：00
就寝	21：20
消灯	21：30

動では、基本的に教室や廊下の掃除をする。課外活動がない場合は宿舎と家に帰る。宿舎にいる子どもは夕食を食べて、就寝する。初級中学の日課は小学校と基本的に同じである。表4-8から分かるように、初級中学部は7時間目があり、さらに夜自習の時間を設けている。寮に入ってない子どもも夜自習に出席するようになっている。

4 英語教育の導入をめぐって

表4-9から、英語は小学校第3学年から学習することになっていることがわかる。しかし実際は、小学校第1学年からモンゴル語・漢語・英語のトライリンガル教育になっている。1学年の漢語、第1、2学年の英語は教科書がなく、会話やゲームなどを中心に取り組まれている。一般の書店で販売されている英語教材を使用する場合もある。2007年の3月から、1、2年生の時か

表4-9 義務教育段階の教育課程基準

					学年						時間配分
		1	2	3	4	5	6	7	8	9	
科目		品徳と生活	品徳と生活	品徳と生活	品徳と生活	品徳と生活	品徳と生活	品徳と生活	品徳と生活	品徳と生活	7～9%
								歴史と社会（または歴史と地理の選択）			3～4%
				科学	科学	科学	科学	科学（または生物、物理、化学の選択）			7～9%
		言語文学	言語文学	言語文学	言語文学	言語文学	言語文学	言語文学	言語文学	言語文学	20～22%
		算数	算数	算数	算数	算数	算数	数学	数学	数学	13～15%
				外国語	外国語	外国語	外国語	外国語	外国語	外国語	6～8%
		体育	体育	体育	体育	体育	体育	体育	体育	体育	10～11%
		芸術(または音楽、美術を選択)									9～10%
				総合実践活動	総合実践活動	総合実践活動	総合実践活動	総合実践活動	総合実践活動	総合実践活動	7～8%
		地方及び学校が定める過程									10～12%
週時間		26	26	30	30	30	30	34	34	34	273
年時間		910	910	1050	1050	1050	1050	1190	1190	1122	9522

表注：時間数は単位時間。1単位時間は、第1～6学年（小学校）40分、第7～9学年（初級中学）は45分[14]。

らその言語に興味関心を持たせ、親しませるために始められた。こうした取り組みは教育局からの指示ではなく、学校の判断であるという。近年、保護者が英語をとても重要視するようになったことに加え、以前から漢民族学校ではモンゴル民族学校に比べて早期から英語を教えていたため、子どもを漢民族学校に通わせる保護者が多く存在していた。また漢語と英語の習得はモンゴル語よりも役に立つと考えられており、子どもを漢民族学校に通わせる保護者も少なくなかった。学校長の話からも、英語の早期導入は保護者の要望であったのと同時に、学校としての児童を集める目的もあったようである。モンゴル民族学校における小学校１学年からの英語教育の実施の背景には、このような現状とニーズを反映した児童の獲得という目的も影響している。

　表4-9の義務教育段階の教育課程基準からはまた、「地域及び学校が定められる課程」が10～12％の時間配分で設定されていることがわかる。民族学校は、この時間を使用してモンゴル語や自民族の学習ができるのである。

　小学校第１学年と第２学年の授業時間は週間26コマで、3学年からは30コマとなる。表4-10をみると、第3学年の三言語の授業数は全体のほぼ半分、14コマも占めていることがわかる。

　英語が第1学年から導入されたことをめぐってさまざまな問題が生じている。例えば、英語教材がモンゴル民族学校に児童・生徒に適応してないことである。2008年から使用している初級中学の英語教材は、教育局が漢民族学校と同じものを選択したため、モンゴル民族の生徒には多少難しいという。また教授言語がモンゴル語である英語教師の不足も起きている。2007年当時、初

表4-10　Aホショーモンゴル民族学校の三言語の開始学年と週授業時数

学年		小学校						中学校		
		1学年	2学年	3学年	4学年	5学年	6学年	2学年	3学年	4学年
言語	モンゴル語	9	8	7	7	7	7	5	5	5
	漢語		4	4	4	4	4	4	4	4
	英語			3	3	3	3	5	5	5

表注：この表はモンゴル民族学校の一週間の三言語の授業数の割合である。初級中学の就学年次が2学年から4学年になっているのは、義務教育を5-4制から6-3制に2008年9月に変更したためである。この表は当該校のカリキュラムを参考にして著者が作成したものである。

図 4-2　小学校 5 学年用英語教科書

級中学の英語教師 3 名中 2 名がモンゴル語を話せず、教授言語が漢語であった。

　小学校から三言語が教えられていることに関しては、子どもにとっては負担になっていると考えられるものの、学校長をはじめとする教師の大半が三言語の必要性を主張している。この主張は、大学入試、高級中学入試ではもちろんのこと、現在小学校からモンゴル語、漢語、数学と同じく英語も主授業（中国では主授業とサブ授業と分けている）になっていることが理由として考えられる。英語が統一試験の科目に入るということである。

　このようにモンゴル民族学校で英語が重視されるようになったことで、モンゴル民族学校に通う子どもが増えているという。モンゴル民族の児童・生徒数の増加の理由は以下のようである。

① 漢民族学校に入学した場合、進学・就職時の競争率がより高くなる。
② 漢民族学校に入学した場合、子どもたちにかかる学習の負担がさらに重くなる。
③ 子どもたちの漢語のレベルが上がっており、モンゴル民族学校に通っていても漢語は話せる。それと同時にモンゴル語を学ぶと、今後役に立つ可能性がある。
④ 漢民族学校と同じく英語を勉強できる。

⑤　漢民族学校に行っても就職難には直面する。
⑥　校長、教師はモンゴル語を学ぶと有利であり、将来就職などの優遇政策がある。

　この優遇政策に関して、「2004 年内蒙古自治区蒙古語文文字工作条例」（2004 年の内モンゴル自治区におけるモンゴル語による業務条例）の第 10 条には、以下のように記されている。

　　「各級の人民政府はモンゴル語が教授言語となっている学校に対して優遇政策と資金の補助を与える。モンゴル語教授言語で学校教育を受けている学生に対しては授業料、雑費、教材費を免除し、奨学金や助成金制度を実施する。貧困家庭の学生に対しては学業修了を保障する[15]」

　一時期、漢民族学校に通うと有利な点が多く、モンゴル語やモンゴル民族学校に対する無用論が指摘されていた。しかし、現在、漢民族学校に流出していたモンゴル民族の子どもは自民族の学校に戻りつつある。
　これに関して、A ホショー以外の地域のモンゴル民族学校の教師にもインタビュー調査を行った。
　ひとつは、内モンゴル自治区の西にあるアラシャン盟（阿拉善盟）の B ホショーのモンゴル民族初級中学の漢語教師に電話及びメールで当該地の子どもの学校選択の状況を訪ねた（2010 年 7 月 19 日から 30 日まで、メール及び電話でインタビューを行った）。「1990 年代、漢民族学校に通っていた子どもが多かったが、今はどうか」と尋ねると、「近年、漢民族学校に通っている子どもはいるが、少なくなった」という。それは「保護者が自分の状況がわかってきた。保護者の漢語レベルもあまり高くないため、子どもを漢民族学校に行かせると、予習や宿題の面倒を見られない」ためである。もうひとつは、内モンゴル自治区でモンゴル民族が最も多く居住している通遼市の C ソム学校の副校長にも同じ質問をした（2010 年 7 月 2 日から 15 日まで、メール及び電

話でインタビューを行った)。Cソム学校はモンゴル民族と漢民族の児童・生徒が一緒にいる学校である。副校長の話によると漢民族学校に通っている児童・生徒は、今減っているという。学校統廃合により、ソムの学校に集中させたため、モンゴル民族学校の条件がよくなってきているのが原因だという。このように経済的に余裕がある家庭は、子どもを都市の漢民族学校に通わせている例もあるという。

　以上、二つの地域のモンゴル民族学校の様子を概観するとAホショーと同じく、1990年代に漢民族学校に流出していたモンゴル民族の児童・生徒が自民族の学校に戻りつつある様子が窺える。

5　モンゴル民族学校の諸活動

　モンゴル民族学校では、近年、モンゴル民族の文化に関する活動が重視されるようになってきた。2008年10月に訪れたときは、モンゴル民族の相撲大会が行われていた。また2009年3月に訪れたときは、モンゴル民族の特徴がさらに強調されるようになっていた。3月、後期の授業が始まる前に小学校を中心として遊牧生活の経験ある保護者を学校に招いて、モンゴル民族の遊牧文化やモンゴル語でのあいさつの仕方の説明がされていた。また教室全体が部モンゴル民族の特徴をあらわすように飾られていた。この活動は担任の教師と子どもが中心となって行っていたが、学校が費用を負担しないため、担任の教師は保護者に費用を求めていた。また、学校は、教師と子どもにモンゴル民族衣装をつくるように求めていた。

　これ以外にも毎年5月に、漢民族学校とモンゴル民族学校が共同で「文芸祭」を開催する。ここではモンゴル民族学校の子どもはモンゴル民族の歌、踊り、馬頭琴の演奏を披露する。この学校では2008年に初めてモンゴル民族の楽器である馬頭琴を演奏したという。そのために10個ぐらいの馬頭琴を購入し、外部から講師を招いて、課外活動の時間で練習をしていた。馬頭琴に興味を持っている児童・生徒は家族が購入する場合もあった。

　このようなモンゴル民族の生活習慣は、日常的な生活の中で体験することが

できなくなっているため、学校教育の中で、モンゴル民族の文化を継承していこうとする積極的な学習と捉えることもできる。

図 4-3　相撲大会に参加する中学生たち
　　　（2008 年 10 月　著者撮影）

図 4-4　保護者からモンゴルの挨拶を教わる
　　　（2008 年 10 月　著者撮影）

図 4-5　「文芸祭」で馬頭琴
を演奏する中学生たち
（2008 年 10 月　著者撮影）

図 4-6　「モンゴル風」に装飾
した教室と授業の様子
（2008 年 10 月　著者撮影）

図 4-7　小学生の作品「四季」
　　　（2009 年 4 月　著者撮影）

図 4-8　小学生の作品「草原」
　　　（2009 年 4 月　著者撮影）

まとめ

　モンゴル民族教育における英語教育の導入の背景目的は、入試、WTO加盟（2001年）や北京オリンピック開催（2008年）、保護者からの要望と受験競争などであった。

　英語教育の導入により、英語の教材、教師やカリキュラムにはさまざまな問題が生じている。また、モンゴル民族学校の英語教育の導入が漢民族学校より遅れていたため、子どもは漢民族学校に流出していたなかで、英語が小学校に導入されてからモンゴル民族学校は子どもの在籍数を増加させつつある。それは、漢民族学校とモンゴル民族学校間の受験競争である。英語の点数が大学受験で占める割合が年々増加していることが大きく影響している。

　また、モンゴル民族学校は政策的な優遇も多い。たとえば、モンゴル民族の児童・生徒の寄宿舎への補助やモンゴル語が教授言語である子ども、いわゆるモンゴル民族学校に通っている子どもへの補助金の拠出などである。これは徐々に各地の民族学校で実行されている。このように、優遇政策や小学校からの英語導入などがモンゴル民族学校に大きく変容をもたらしているのである。

注

1) 文部科学省「小学校外国語活動サイト」
   http://www.mext.go.jp/a_menu/shotou/gaikokugo/index.htm
   （2015年11月19日現在）
2) 文部科学省「中国における小学校英語教育の課題と現状」http://www.mext.go.jp/b_menu/shingi/chukyo/chukyo3/siryo/015/05120501/007.htm
   （2015年11月19日現在）
3) 素質教育とは、知識中心の受験教育を克服し、子どものさまざまな資質を十分に伸ばそうとする教育のことである。
4) 「教育部関与積極推進小学開設英語課程的指導意見」教育部基礎教育司［2001］2号、

2011 年 1 月 20 日公布。
5) 素質教育の打ち出しに伴って、2001 年にカリキュラム改定が行われた。中国政府国務院は「基礎教育の改革と発展に関する決定」を公布し、さらにこれを受けて政府教育部はカリキュラム改革指針として「基礎教育課程改革綱要（施行）」を公表した。同綱要はカリキュラム全体の「バランス」「総合性」「選択性」を打ち出しているのが特色である。これに基づく「過程計画」と各教科の「課程標準」をあわせて新課程方案（試行案）が定められたのである。
6) 「両基」とは「基本普及九年義務教育・基本掃除青壮年文盲」の略語である。
7) 「二つの免除、一つの補助」は、2006 年から西部地区の農村から実施されたが、2007 年からは全国の農村部へと拡大され、都市部の小中学生に対しても免除措置を進めている。
8) 「内蒙古自治区人民政府関于在全区民族中学開設外語課有関問題的通知」内モンゴル自治区政府配布資料、1999 年。
9) 大塚豊『中国大学入試研究―変貌する国家の人材選抜―』東信堂、2007 年、186-241 頁。
10) 新保敦子「現代中国における英語教育と教育格差―少数民族地域における小学校英語の必修化をめぐって―」『早稲田大学大学院教育学研究科紀要』第 21 号、2011 年。
11) 今井範子ほか「中国・内モンゴル自治区草原地域におけるモンゴル民族の生活様態とその変化（第 1 報）シリンゴル盟の移民村における牧畜民の生活様態」『家政学研究』奈良女子大学家政学会編、第 54 巻 1 号、2007 年、35-45 頁。
12) 内蒙古自治区教育庁・財政庁印発『内蒙古自治区義務教育階段中小学蒙語授課寄宿生生活補助費管理暫行辦法』2007 年。
13) この表は 3 月から 9 月まで使用される表である。中国では夏は昼寝するため冬とのスケジュールが違うのである。基本的に夏の昼休みが冬より長く取ってある。
14) 出典：教育部「義務教育課程設置実験方案」、2001 年。
15) 「内蒙古自治区蒙古語文文字工作条例」内蒙古自治区第十届人大常委会広告第 19 号、2004 年 11 月 26 日公布。http://www.chinaacc.com/new/63%2F74%2F117%2F2006%2F2%2Fsh90302820182260028140-0.htm（2015 年 11 月 19 日現在）

第五章
母語の衰退とモンゴル民族教育

　本章では、まず1978年の改革開放以降の少数民族に関する政策を概観する。そして、その政策が「モンゴル民族社会」にどのような影響を及ぼしたのか、更に民族教育の核心であるモンゴル語・モンゴル語教育の実情がどのようになっているのかについて考察する。次に、モンゴル民族教育で生起している問題点について、各言語教師への聞き取り調査結果の分析を通して明らかにする。最後に、学校選択をめぐる保護者の葛藤とその要因を明らかにする。

第一節　モンゴル語衰退の深刻さ

　1978年の改革開放及び市場経済の導入により、中国は転換期に突入し、「モンゴル民族社会」も大きな転換を余儀なくされている。転換期としての現代を特徴付けるもっとも典型的な現象は、国民国家の枠を超えたグローバル市場の中国における展開である。それにより、能力主義が中国社会の隅々まで浸透し、漢語の優位性がより顕著になり、モンゴル民族の漢語使用を促進させた。
　それと同時に、現代的な生活様式も「モンゴル民族社会」に浸透してきたのである。モンゴル語の実用性が低下し、モンゴル民族文化も市場への適応なしに存続することが困難になってきた。このような状況のもとで中国政府は、漢民族は「先進的」であり、少数民族は「後進的」であるとし、少数民族の「開発」と「発展」のために「西部大開発」を進めた。また、「生態移民」と称する強制移住政策が行われた。学校教育の分野では、義務教育の完全普及と学校統廃合などの政策が打ち出された。
　本節では、こうした一連の政策が、「モンゴル民族社会」とモンゴル民族教育にどのような影響をもたらしたかを考察する。

1 「西部大開発」、「生態移民」と「モンゴル民族社会」

　内モンゴル自治区に居住しているモンゴル民族は、伝統的に遊牧を営む暮らしをしていた。モンゴル民族はゲルという移動式居住、羊肉と乳製品を中心とした食生活等、独自の生活様式を確立していた。しかしこのようなモンゴル民族の生活様式が、1978 年の改革開放以降、2000 年の西部大開発と 2002 年の定住化政策などによって転換を余儀なくされてきている。

　改革開放以来、中国経済は飛躍的な発展を遂げてきたものの、開発が進んだ沿海地域と開発から取り残された内陸地域との経済格差が顕在化し始めてきた。さらに、鄧小平の南方談話（1992 年）による急速な市場経済化の流れと共に、この格差は一層拡大してきた。このような状況のもと、20 世紀末から、「西部大開発」が 21 世紀の国家事業の一つのプロジェクトとして動き始めた。同プロジェクトにおいて中国政府は、「西部」における交通・通信などのインフラ整備や人材育成などを積極的に推進し始めた。さらに同プロジェクトの中で、生態環境を保全するために立案されたのが「生態移民」である。

　2002 年 12 月 14 日に首相の朱鎔基は、「中華人民共和国国務院令（第 367 号）」を公布したが、そのなかに「退耕還林条例」（退耕還林〔草〕：土地を耕すことをやめて、その土地を森林〔草原〕に戻すこと）が盛り込まれている。第 4 条に「退耕還林は生態を優先し、……実施するにあたり生態移民と結合すべきである」、第 54 条に「国家は退耕還林の過程において、生態移民をおこなうことを奨励し、生態移民をおこなった農家には生活生産の面において補助を与える」など、「生態移民」に直接言及していた[1]。

　「生態移民」は 2002 年からの中国の環境政策施行後に使われるようになった四文字熟語で、生態環境破壊の要因となっている生業の人々を移住させて、破壊された生態環境の回復・保全を意味するものである。環境政策では、広大な乾燥・半乾燥地域である内モンゴル自治区の大草原地帯は、牧民が草原の許容量を超えた数の家畜を放牧したこと（「過放牧」）によって草原の植生が危機に陥っているという。そこで、「過放牧」を行っている牧民を移住させて草原を回復させようというのである。農耕地域への「退耕還林」に続き、2003 年

第五章　母語の衰退とモンゴル民族教育

から「退耕還草」[2]事業が実施されたことによって「生態移民」の波が牧畜地域に押し寄せることになった。「退耕還草」政策は、草原森林の休養を行うとの名目であったが、モンゴル民族が祖先から受け継いで放牧をしてきた地に戻ることを許すものにはなってない。そのため、モンゴル民族の都市及び都市周辺地域への定住化がいっそう促進された。2003年以降の「生態移民」のなかで、内モンゴル自治区の牧畜民の生活様式に大きな変化が生じた。具体的には、従来行われてきた草原放牧が、家畜の畜舎での年中飼養や、畜舎飼育と自然放牧との交代のような方法にとってかわり、あるいは牧畜民がよその地に移住させられて、酪農業を行ったり、家畜業以外に従事したりしている。これにより、遊牧民は都市及び都市周辺地域へと余儀なく定住させられた。

都市では「移民村」という名称で移動してきた遊牧民を受け入れている。図5-1のように「移民村」の建物は青い屋根に統一され、都市戸籍の人々より安価で購入できる。図5-2はＡホショーの市民のマンションである。政府は遊牧民の故郷の放牧場の面積に応じて、補助金を給付しており、放牧場の面積が広い家庭やあまり家計負担のない家庭では、年間の補助金のみで生活できるが、そうではない場合は生活を営むのは大変である。例えば、義務教育以上の教育を受けている子どもがいる家庭は、子どもの授業料や生活費と自分たちの生活費などもあるので、物価が上昇している今日、家畜を飼って遊牧生活をしていたころより生活に余裕がない家庭もある。

加々美光行は、「退耕還草」政策によってモンゴル民族は独自の遊牧を主とした生活生産様式が急速に減少し、この地域の風土に根ざした民族独自の自立的な経済を営めなくなっていることを指摘する。それらはモンゴル民族の伝統風俗・儀礼・文化・言語などを衰退させることに直結しかねない。また漢語の習得が一層普遍化するにつれて、自身の社会的地位の上昇を求める少数民族は、漢語使用への傾斜を急激に強めることになる。現実的には、モンゴル語保持への意欲が急速に減退することになるとも指摘している[3]。

「西部大開発」と「生態移民」の両政策のもとで、モンゴル民族は遊牧生活を放棄することを余儀なくされ、都市へ移動してきた。また、モンゴル民族の

図 5-1　青い屋根で統一された「移民村」
（2008 年 10 月　著者撮影）

図 5-2　青白い屋根の市民マンション
（2008 年 10 月　著者撮影）

人々の中でも「漢語・漢民族文化は先進的」であり、「モンゴル語・モンゴル民族文化は後進的」であるとする認識が浸透し、「モンゴル・モンゴル語無用論」が蔓延したのである。

2　義務教育の普及、学校統廃合とモンゴル民族教育

ここでは 1978 年以降施行された、モンゴル民族の学校教育に対する政策をみてみたい。中華人民共和国義務教育法（1986 年 4 月 12 日から施行）の第 4 条では、中華人民共和国の国籍を持つすべての適齢の児童・青少年は性別、民族、人種、経済状況、宗教信仰などに関係なく、法に照らし平等に義務教育を受ける権利及び義務があると規定している[4]。しかし、広大な国土をもつ中国での義務教育の普及は容易ではなかった。特に国境線地域の大部分には少数民族が居住している。少数民族地域は歴史的、社会的及び自然条件などの要因により、経済的発展が立ち遅れているというのが実情である。

その後、農村地域や少数民族地域への義務教育の普及を早めるため、義務教育法の 2006 年改正によって義務教育の無償が定められた。当時は、農村部か

ら都市部へと地域ごとに段階的に実施する予定であった。1980年代には、小学校さえも普及していなかった地域もあったが、2007年には全人口の99％が住む地域に9年制義務教育が普及した。2010年までに義務教育は全国で完全実施された。さらに2006年に農村部から始まった義務教育の無償化は、2008年に都市部まで拡大された。2003年の「国家西部地区『両基』[5]功堅計画」（西部地域における二つの基本を固める国家計画）（2004～2007年）の実施により、資源（学校における教師、投資など）を節約し、重点的な学校に投資を集中することとした。

　内モンゴル自治区でも、2006年からの義務教育の完全無償化によって、義務教育は普及してきたが、義務教育の普及のために行われたもうひとつの政策は「学校統廃合」である。学校統廃合の政策により、ソム・郷級の小学校を全てホショー・県級へ統合し、ガチャ・村級の小学校とソム・郷級の小学校と統廃合したのである。これにより全国で無償の義務教育が実現した。家庭の教育費負担を軽減する措置を継続して実施し、経済的に恵まれない家庭の児童・生徒の就学支援に取り組んだ。

　学校統廃合政策は、2001年6月17日の「国務院関与基礎教育改革与発展的決定」（国務院の基礎教育改革及び発展に関する決定）と、2002年5月15日に内モンゴル自治区の小学校・初級中学の配置調整に関する文献通知「内蒙古自治区関与中小学布局調整的意見」（内モンゴル自治区の小学校・初級中学の配置調整に関する意見）に端を発する。ここで学校統廃合の理由は主に、教育資源の科学的かつ合理的な配置や教育の質及び学校運営の効率と利益の引き上げ、であるとしていた。これ以外にも、ソムの学校の経費不足、児童数の減少とソム政府の合併などの要因もあった[6]。内モンゴル自治区における学校統廃合の特徴は、政府に組織されたものでありながら、「自発的」なものでもあった。

　2001年以降の学校統廃合により、地方（ソム）の学校が都市（ホショー）の学校に統廃合された。ソムの学校に通い、遊牧地域の暮らしの中で、自然にモンゴル民族のことばと文化を身に付けていたスタイルは、学校統廃合によっ

て一変したのである。

　これまで、遊牧生活という大きな基盤があり、子どもはそれと共に民族学校に通い、民族教育を受けてきた。しかし「学校統廃合」により、生活基盤となる遊牧による生活様式が崩されるなかで、「モンゴル民族学校像」も幻想的なものとなった。民族教育は本来、その民族集団がもつ言語、文化に属するものである。文化は、世代から世代へ伝承される生活様式、あるいは行動様式の複合体であり、教育によって伝えられるべき有益な伝統、生活習慣、知的財産等である。人間はその生活の術のほとんどを、他者から学習し、習得していく。学校は、家庭以外の場で系統的に多くの事柄が教授される場である。文化は民族の核心であり、学校教育は文化を次世代に伝承する上で大切な場である。中国社会の変化に伴い、言語生活の領域でも、モンゴル民族は大きな変化を経験した。「モンゴル民族社会」では、遊牧生活が崩れ、漢語教育の強化のほかに、メディアにおける衛星放送とインターネットの普及、教育現場における英語の必修化、など様々な変化があった。子どもは「現代文化」と民族文化とのズレにより、母語への適応が一層困難となり、モンゴル民族教育の問題も次第に重みを増してきたのである。

　マイノリティの言語（モンゴル語）とは、当然、マジョリティ言語（漢語）との相対的関係によって存在し、見出されるものであり、「学校教育におけるマイノリティ言語（モンゴル語）」について問うことは、「学校教育における言語」とは何か、という問いでもある。そして学校教育が、モンゴル民族が生きていく上での広い学習過程の一つに過ぎないとしたら、モンゴル語学習についての問いは「学習と言語」あるいは「言語の学習、習得」とは何か、という大きな問いの一部でもある。「学校教育においてマイノリティの教育を支えるのは、母語・母文化である」とジム・カミンズは言う。ジム・カミンズによれば、母語・母文化を身につけることは、マイノリティの子どもが親や祖先から受け継いできた知恵を次世代に継承していく点でも大切なのである[7]。

第五章　母語の衰退とモンゴル民族教育

図5-3　学校統廃合した後のソムの小学校
(2008年10月　著者撮影)

3 「内蒙古自治区蒙古語文文字工作条例」にみるモンゴル語

　ここでは、「内蒙古自治区蒙古語文文字工作条例」(内モンゴル自治区におけるモンゴル語による業務条例)[8] (以下「工作条例」) が出された背景と目的を概観し、モンゴル語をどのように重要視しているかを分析する。

　工作条例は、2004年11月26日の「内蒙古自治区人民代表会議常務委員会」の第12回会議により成立、ただちに公布され、2005年5月1日より施行された。

　工作条例は、第1章から第6章まで、それぞれ「総則」・「学習及び教育」・「使用及び管理」・「科学研究と規範化、標準化」・「法律責任」・「附則」とで構成される、モンゴル語に関する規定である。制定の目的は、第1条で以下のように記述されている。

　　「モンゴル語の規範化、標準化ならびに学習使用の制度化及びその繁栄発展のため、モンゴル語を社会生活の中で更に発展させるため、「中華人民共和国憲法」、「中華人民共和国民族区域自治法」及び国の関連する法律ならびに自治区の実情に合わせて、本条例を制定する。」

　工作条例のなかで民族言語について、①国民の言語権利と言語義務、②行政領域における言語使用、③教育領域における言語使用、④メディア業における

言語使用、⑤サービス業における言語使用、の5つの面で保護されるものと規定している。

それぞれ具体的には、①国民の言語権利と言語義務の面では、「各級の人民政府はモンゴル語・文字の学習、使用、研究と発展を保障するべきである」としている。②行政領域における言語使用の面では、「内モンゴル自治区各級の国家機関実行の職務を執行するときモンゴル語と漢語の両方を使用する、あるいはモンゴル文字を中心とすることができる。」としている。③教育領域における言語使用の面では、「各級人民政府は主要な各級各類の教育にモンゴル語の授業を発展させ、重点的に援助し、またモンゴル語と漢語に兼通している各種専門人材の育成をも援助すべきである。漢語が教授語のモンゴル民族小中学校ではモンゴル語の授業を設置すべきである。」としている。④メディア業における言語使用の面では、「ラジオ放送、テレビや映画業界では、モンゴル民族の演出者や職員を配置し、人々の要求を満たし、内容豊富なモンゴル語の番組と作品を作成し、放送回数と時間を増やすべきである。」としている。⑤サービス業における言語使用の面では、「各サービス業界はモンゴル語・文字を使用する人々に対して、モンゴル語・文字で対応すべきである。」としている。

憲法や義務教育法などの法律では、民族の言語・文字や文化・生活習慣の「自由」が強調され、学校教育では共通語の学習が義務付けられ、同時に民族の言語・文字を学習することができると位置づけられている（第3章第1節）。それに対し工作条例では、民族語使用についてより積極的な位置づけがなされているという点が特徴的である。憲法や義務教育法を前提としつつ、状況を勘案する必要があるとしながらも、「モンゴル語の学習と使用が強調され、また社会生活の中で発展させる」ということが明記されているのである。

また、第4条では「各級人民政府はモンゴル民族がモンゴル語を学習し、使用し、研究しかつ発展させることを保障すべし、また各民族がモンゴル語を学習、使用及び研究することを奨励すべきである。」と規定している。ここにある、「モンゴル民族の人々が、モンゴル語を学習し、使用し、研究し、かつ発展させることを保障し、さらに奨励する」という文言から、内モンゴル自治

区政府がモンゴル語の現状を重視していることが窺われる。

このように、モンゴル語の学習、使用、発展と研究という幅広い規定が盛り込まれた法律自体は、今後のモンゴル語の継承と発展にも大変有意義なことである。しかし、内モンゴル自治区が成立した1947年から1953年までのモンゴル語は放置状態、1953年から2005年までの50年余りの間に中央政府や内モンゴル自治区政府がモンゴル語に関する法制度が制定されたが、それらはモンゴル語の保護を目的としたものではなかった。2005年の工作条例により、1947年以降初めてモンゴル語が法律によって保護されたのである。

1949年以降の言語教育に関する政策を概観した限りでも、学校教育を通じていかに漢語を少数民族地域に普及するかが課題とされていたかが窺える。同時に、工作条例が制定され、モンゴル語の学習、使用、発展と研究を普及させることを、法律によって規定せざるを得ないということは、モンゴル語の衰退の状況が、深刻な状況にまで達しているためでもあるのである。

工作条例のようにモンゴル語が重視されると同時に、2001年から小学校での英語が必修とされた（内モンゴル自治区では初級中学からの導入）。これにより、モンゴル民族学校での言語教育は、1949年以降実施されてきたバイリンガル教育からトライリンガル教育になったのである。

4　モンゴル語の試験にみるモンゴル語の衰退

第二章の第二節で分析したように、モンゴル語の年間授業時数をみると、1950年代と2003年の授業時数を比較すると、小学校では10%強、初等中学では25%の減少がある。これは2001年以降、英語の必修化と漢語の早期導入によるモンゴル語授業の減少による。モンゴル語授業の減少による児童のモンゴル語能力への影響をみるため、小学校5学年の児童を対象に調査を行った（2011年）。

2007年度二学期末（新学期が9月からになるため、二学期末は7月上旬になる）に5学年の子どもを対象として行われたモンゴル語の試験問題と同じ試験を、2011年度の5学年の子どもに対して実施した。なお、2007年と

2011 年に受験した子どもはそれぞれ、51 名と 71 名である。

　2011 年 6 月 27 日の「夜自習」（調査校では小学校高学年の子どもは、19 時 30 分から 21 時まで学校で自習する、詳しくは 107 頁。）の時間を使用して試験を実施した。試験は 90 分であり、試験の意図を説明したうえで、著者も同席した。28 日に各担当の教師 2 名と一緒に採点した。試験は、100 点満点である。

　試験の項目は以下の 6 項目である。

①各自で暗記した詩を書く
②文法
　・括弧に適切な格助詞を入れてください
　・括弧に適切な文章記号を入れてください
③語彙
　・単語の意味を説明してください
　・適切な語彙を選択してください
　・類似語と反対語を書いてください
　・単語の多義語を書いてください
④文章
　・以下の文を長文にしてください
　・文章を完成させてください
　・文章内で線引きした部分の意味を説明してください。
　・選択してください（文章と同じ意味を表しているものを選択する）
　・文章の意味について説明してください
⑤読解（文章を読んで、質問に答える）
⑥作文（2 つのテーマのうちから一つを選択して作文をつくる）

　表 5-1 が、2007 年度と 2011 年度の 5 年生対象の点数である。2007 年度の平均点は 87.4 であり、2011 年度は 76.28 である。同じ学習時間で同じ教科

表5-1　2007年と2011年5年生対象のモンゴル語試験結果

2011年			2007年		
番号	5.1班	5.2班	番号	5.1班	5.2班
1	81	96	1	97	99
2	89	95.5	2	98	97.5
3	76	93	3	95.5	93
4	80	92	4	96	92
5	60	90.5	5	92	93
6	78	90	6	95.5	95.5
7	67	88	7	98	92.5
8	55	88	8	88	96.5
9	74	87	9	94.5	88
10	66	87	10	95	92
11	50	87	11	95	90
12	64	85.5	12	95	88
13	66	85	13	90.5	83.5
14	72	84	14	93	90.5
15	76	83	15	90	91.5
16	76	82.5	16	95.5	87
17	83	82.5	17	88	85.5
18	70	82	18	76.5	88.5
19	64	81	19	88.5	81
20	63	80	20	84	81
21	86	80	21	80	66.5
22	64	79	22	89	54
23	62	78	23	77	73.5
24	81	77.5	24	80.5	71.5
25	82	73.5	25	73.5	
26	64	73	26	70	
27	88	70	27	74	
28	84	93.5			
29	60	66			
30	83	65			
31	74	63.5			
32	69	58			
33	72	48			
34	86	33			
35		94			
36		90			
37		81			
各班点数	2465	2962.5	各班点数	2389.5	2071
人数	34名	37名	人数	27名	24名
各班点数	72.5	80.06	各班点数	88.5	86.3
平均点数	76.28		平均点数	87.4	

書を勉強したにも関わらず 10 点以上の差が生じているのである。

　著者が調査校を訪れた際に、モンゴル語の担当教師から、近年の児童・生徒のモンゴル語の試験の平均点は、漢語の点数より低くなっており、また決められた授業時間数にモンゴル語の教科書内容を終わらせることができず、朝と夜の自習時間を利用する場合もあるということを聞いた。

　「西部大開発」と「生態移民」政策のもとで、モンゴル民族は遊牧生活を捨てることを余儀なくされ、都市へ移住していった。そのことにより、モンゴル民族の伝統文化、ことばなどが衰退したのである。学校教育においては、義務教育の普及や学校統廃合によって、子どもは都市に移ってくることとなり、いままでの遊牧地域とは異なる環境に置かれることで、モンゴル民族のことばや文化の獲得についても大きな影響が出ているのである。言語教育をみると、長年モンゴル語・漢語のバイリンガル教育だったのに対し、英語導入により、トライリンガル教育になっている。

　このような「モンゴル民族社会」や民族教育の現状を背景として、2005 年から工作条例が実施された。しかし、工作条例が出されたにも関わらず、モンゴル民族学校で実施したモンゴル語の試験の結果によれば、モンゴル語の衰退が明らかになった。

　次に、モンゴル語を勉強する語学教材をみてみたい。図 5-4 で「軽軽松松学蒙古語」と書かれている中国語は「楽々学習できるモンゴル語」という意味である。図 5-5 の本の中身をみると一番左に縦で書かれているのはモンゴル語で「鼻」という意味である。真ん中の「哈馬日」と書かれているのは、モンゴル語の発音に合わせた中国語の当て字である。一番右に「鼻子」と書かれているのは中国語である。この教材はモンゴル語を話せない人々が中国語でモンゴル語を勉強する語学教材なのである。2010 年に、内モンゴル自治区科学庁モンゴル出版社（内蒙古自治区科学庁蒙古出版社）から出版され、今まで、モンゴル語を話せる人はモンゴル語の読み書きができる人が大多数だったが、現在では、モンゴル語を話せない人の増加とともに、特に都市部では読み書きができない人が多い。両親がモンゴル民族で家庭言語はモンゴル語だが、子どもは漢

第五章　母語の衰退とモンゴル民族教育

図 5-4　モンゴル語を勉強する語学教材
（2008 年 10 月　著者撮影）

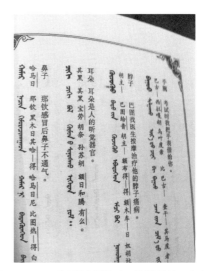

図 5-5　モンゴル語を勉強する語学教材の本文
（2008 年 10 月　著者撮影）

民族学校に通う家庭が多く、そこの子どもは日常会話のモンゴル語は理解できるが、モンゴル文字が読めないということもある。中には、聞き取りはできるが、モンゴル語を話そうとしない子どももいる。また、家庭内では、両親はモンゴル語で話し、子どもは漢語で答える場合も見られる。このような社会の現状があるため、この教材が出版されたのである。

第二節　モンゴル語の衰退と困惑する教育現場

　モンゴル語が衰退しつつある現状で、モンゴル語を最も系統的に学ぶことが可能であるモンゴル民族学校の教師へのインタビューを通して状況の変化をみていきたい。そこでは、モンゴル語の衰退によって、教育現場に生じている問題を明らかにする。

1　調査方法と対象者

（1）調査方法と分析の方向

　トライリンガル教育の実態把握をするための方法としては、予め調査項目を質問紙のかたちで用意し、記述された結果をもとに聞き取り調査に進むのが一般的な方法といえる。

　質問紙法は、「簡単に実施できる」「一度の調査で多くの回答が得られる」「データが均質である」「統計的な処理ができる」などの利点がある。しかし、反面「言語能力に左右される」「個人的な条件が無視される」「質問が単純になる」「質問数が限定される」「判断や回答の質がとらえにくい」「信憑性が確かめにくい」などの弱点がある。今回の調査の場合、この制約面が大きな障害となった。

　まず、対象者の言語能力に散らばりが存在することである。全ての対象者が「モンゴル語」と「漢語」を同等に理解し、読み書きできる条件にはなく、さらには、調査への回答経験が乏しいか、あるいは全くないために、調査への強い防衛的な構えが存在する。質問の意図が十分伝わっているか否かを確かめるためには、観察といくつかの補充的な質問が必要になる。回答の内容についても同様である。このため調査においては、面接によるインタビュー形式をとらざるを得ない。面接法でも質問紙的な面接は可能であるが、調査への協力を可能にするためには、形式から入らず、自然な会話の中から当該の質問事項に導くという方法がより望ましい。本調査において「半構造化面接法」を採用したのは上記の理由に基づくものである。

　聞き取りでは事前に調査項目を立て、それを土台にしながら教師や保護者との会話のやり取りを行う「半構造化面接法」の手法を用いた。ヒヤリング時間は教師や保護者の都合に合わせて、30分から1時間、本人の了承を得て音声を録音、逐語記録を作成して一次データとした。音声の録音を拒否した教師や保護者もいたため、その場合、当時のメモや著者の記憶を辿って作成した記録を一次データとした。面接対象者はモンゴル語、漢語、英語の三言語の教師10名、及び保護者8名である[9]。

（2）調査対象者

調査では、表5-2、3、4のようにモンゴル語教師3名（M1、M2、M3）、漢語教師3名（K1、K2、K3）と英語教師4名（E1、E2、E3、E4）を対象にインタビュー調査を行った。10名中9名が女性で、1名が男性である。対象者全体の年齢は20代、30代、40代と幅広いが、英語教師は4名とも20代である。小学校英語の必修化が2001年からであり、教員養成もそれ以降になったため、現場の英語教師には20代が多い。

中国での英語教育は、2001年から小学校で必修となったが、当時の内モンゴル自治区の民族学校では初級中学から必修となった。調査校では2007年に小学校1学年からの必修とされた。

トライリンガル教育になったモンゴル民族学校の現状を確認するため、先述のようにモンゴル語、漢語と英語の三言語の教師を対象としてインタビュー調査を行った。三言語の教師に共通して尋ねたのは、英語の必修化に伴う、モンゴル民族教育の変化についてである。それ以外に、モンゴル語教師にはモンゴル語の学習、モンゴル民族学校の変化とモンゴル語の教育内容を中心に尋ねた。漢語教師と英語教師には、小学校1学年からのそれぞれの言語教育についてと授業中の使用言語を中心に尋ねた。その他、各言語教師にトライリンガル教育について「思ったこと、感じたこと」を自由に発言してもらった。なお、中国では、小学校もクラス担当ではなくて、教科担任制である。

表5-2　モンゴル語教師

教師	性別	年齢	民族	学歴	担当学年	仕事を始めた年	インタビュー実施時期
M1	女	40代	モンゴル	大卒	小4	1986年	2008/10/8
M2	女	30代	モンゴル	大卒	小2	1998年	2008/10/9
M3	女	30代	モンゴル	大卒	中3	2002年	2008/10/8

表5-3　漢語教師

教師	性別	年齢	民族	学歴	担当学年	仕事を始めた年	インタビュー実施時期
K1	女	30代	モンゴル	大卒	小5	1997年	2007/9/7
K2	女	30代	モンゴル	大卒	中3	1997年	2007/9/4
K3	女	20代	モンゴル	大卒	中2	2005年	2008/10/9

表 5-4 英語教師

教師	性別	年齢	民族	学歴	担当学年	仕事を始めた年	インタビュー実施時期
E1	女	20代	モンゴル	専門	小1、2	2007年	2008/10/8
E2	女	20代	モンゴル	大卒	中3	2004年	2007/10/9
E3	男	20代	モンゴル	大卒	中2	2003年	2007/9/4
E4	女	20代	モンゴル	大卒	小3、4、5	2005年	2007/9/7

2 トライリンガル教育と言語教師の意識

ここでは、各言語教師へのインタビュー調査を通して、小学校1学年からのトライリンガル教育についての、教師の意識を分析する。

(1) トライリンガル教育に「反対」のモンゴル語教師
1) 小学校1学年ではモンゴル語が大切

教師M1は、この小学校でモンゴル語教師として20年間働いている。20年間モンゴル語のみを教えてきた。教師M1は、「小学校1学年から英語が導入され、三言語を勉強することは、子どもにとってとても負担になります。6歳で入学する小さな子どもに、1学年から三つの言語を学習させるのは、難しいと思います。1学年からはモンゴル語の基礎をちゃんと身につけて、2学年から漢語、3学年から英語を教えるのが適切だと、私は思います。」という。

教師M1はこのように、1学年から三つの言語を教えるのは、子どもの負担になるという。中国の義務教育法には、入学年齢は6歳と規定されており、従来の7歳から6歳へ移行中であるが、一部の都市で6歳または6歳半入学が実施されているのみで、7歳入学をとっている地域もまだ多い。調査校では6歳入学が多数である。教師M1は、入学年齢が早まってくるにつれ、早期からのトライリンガル教育は子どもにとって負担であると捉え、1学年ではモンゴル語のみを教えて、漢語と英語は学年があがると共に導入することが適切という。

2）実生活において使用しない英語教育

　教師 M2 は、1997 年に大学を卒業して、最初はソムの小学校で働いていたが、学校統廃合のため、A ホショーの学校へ移ってきた。教師 M2 は 10 年間モンゴル語を担当し、かつ学級担任も務めている。教師 M2 も、三言語の学習は子どもの負担になっているという。三言語の中では「英語は子どもにとってちょっと難しいです。特別に成績が優秀な子どもの場合は大丈夫ですが、多くの子どもにとっては難しいです。モンゴル語と漢語は日常的に使用しているが、英語は実際に使っていないから。」という。英語は日常的に使用されないため、英語学習は現実とかけ離れたものとなり、多くの子どもには難しいのである。そのなかでも、成績が優秀な子ども、あるいは都市に住んでいる子どもは冬休みや夏休みの期間を活用し、塾に通い、新学期からの学習内容を事前に一通り勉強している。その塾を開いているのが、学校で英語を担当している教師である。著者が英語授業の参与観察をしたとき、授業終了時に教師が「英語の補習をするので、申し込む人いますか」と子どもに尋ねていた。都市に住んでいる子どもや経済的に恵まれている子どもは休みの期間を利用し、塾に通っている。著者が 2007 年 9 月に現地調査したとき、9 月で 5 学年になったひとりの児童は、前期で使用する英語の教科書は夏休みの時間を利用して、塾でひと通り習っており、9 月から学校での勉強は自分にとって復習の時間になると言っていた。

3）漢民族学校より負担になる

　教師 M3 は、2002 年からモンゴル語教師として働いている。教師 M3 は、「ここにいる子どもは漢民族の子どもに比べると負担増になっています。漢民族学校の子どもより 1 科目多く学んでいて、それから英語を使う環境がないから結構時間をかけて、勉強しないといけません。子どもは英語には困っていますね。」という。モンゴル語と漢語は日常的に使用されているが、英語はほとんど使われない。漢語はテレビ、インターネット、出版物などの情報が多いため、接する機会が多い。また、モンゴル民族学校に通っている子どもは、第

2言語と第3言語の勉強が必修になり、漢民族学校と比べると科目的に一つ多く勉強しているため、小学校からのトライリンガルは子どもの学習の負担となっている。モンゴル民族学校では、漢語を小学校から必修として勉強する必要があるが、漢民族学校では、モンゴル語を学習することが求められていない。それでも同一地域では、目標となり、比較の対象とするのは、漢民族学校なのである。

モンゴル語教師に小学校1学年からのトライリンガル教育に関して尋ねてみたところ、総じて子どもの学習の負担であるという回答が得られた。

(2)「賛否両論」の漢語教師

小学校1学年から学習するトライリンガル教育に関して、K2教師は「最初に勉強する時は漢語のピンインと英語のアルファベットを区別できなくなる、多くの生徒は英語の勉強に困っています。70～80%の生徒はできない状態、初級中学に入ってさらに難しくなると子どもは授業を聞かなくなる、モンゴル語もあまり得意ではありません。」という。

漢語のピンイン（併音）とは、中国語の音を表音文字により表したものである。1949年の新中国成立及び全国統一のため、1958年に制定した「漢語併音方案」に基づいて、「普通話」（共通語）の発音をローマ字で表した。同じローマ字でも、英語と漢語では読み方が異なるため、1学年で同時に学習することにより混乱がみられるという。

K1教師は、「1学年から三言語を学んだ方がいいと思う。まず子どもの興味関心を高めることができます。母語教育については、お互いにあまり影響ないと思います。モンゴル語は子どもの母語であり、小さいころから勉強する。漢語は7、8歳から勉強しますので、この二つの言語は子どもにとって難しくないです。言葉は早い段階、小さいころから勉強したほうが覚えやすいですね。」という。

このように、ことばを早い段階から教えることは、子どもの興味関心を高めることができ、モンゴル語や漢語への影響もないので、1学年から三つの言語

を学習したほうがよいという。

K3教師は、「今の英語の教材はほとんど漢語だから、漢語は橋渡しのような役割になるので漢語を早く勉強しても良いと思う、漢語ができないと英語も理解できないです。」という。

K3教師は、内モンゴル師範大学のモンゴル語コースのバイリンガルクラスを卒業し、2008年の9月から働き始めた新任教師である。専門はモンゴル語と漢語のバイリンガルであるが、大学のときは漢語、中国文学の勉強が中心で、そのほか教授法を多少学習したという。いま英語の教材はモンゴル語より漢語のほうが圧倒的に多い。小学校で使用している英語の教科書はモンゴル語だが、初級中学では漢語の教科書を使用している。モンゴル民族学校で漢語は欠かせない言語であり、その実用性も高いという。

(3)「賛成」の英語教師
1) 幼稚園からの系統的な学習が、高級中学や大学への基礎を築く

E1教師は、2007年7月に専門学校を卒業し、9月から非常勤講師として勤めている。専門学校では英語を専攻し、4年間英語を勉強してきた。彼女は初級中学3学年（1997年）から英語を勉強して、4学年まで2年間英語を学んだ。高級中学入試の時は英語の試験はなかった。高級中学に進学すると英語の授業についていけず、塾に通っていたが、都市出身の学生と比べて全然できなかったという。大学入試の時は全体に英語の占める割合は20%だった。当時、小学校1学年と2学年の英語を担当していた。学校で配付する小学校用の教科書は、モンゴル語になるが、そのほかの問題集などは漢語が多いという。問題集は、子どもたちが各自で購入するようにしている。

　　「私が思うには、三言語を1学年から教えることはとてもよいと思います。いま幼稚園で英語を教えているから日常会話で使う単語とかは話せる子どもが多いですね。それで1学年から教えることに役立つと思われます。基礎があるから1学年になってもあまり困らない。私たちがいう単語は理

解できるし、英語とモンゴル語を比べて教えるときも全部わかります。例えば『花』を英語で何と言うかと聞くと『Flower』と、みんなわかります。このように、幼稚園から系統的に学習すると中学年とか高学年になる時は教科書の内容は簡単に理解できるようになると思います。」

このようにE1教師は、1学年から英語教育が必要と強調する。英語を日常生活で使う機会の有無について、「日常生活ではあまり使用しないが、漢語と同じく受験のとき必要になりますね。確かなこととはいえないが、将来大都市で仕事を探すときも英語は必要になると思います。」という。当面の必要性の理由としては受験を挙げる。

2）受験のための英語教育
　E4教師は、2005年に新卒でAホショーの学校に来て、今は小学校3～5、学年の英語を担当している。各学年が2クラスで3～5学年で全6クラスで、英語の授業は週3コマになるため、全部で18コマを担当している。

　「2007年3月より1学年から教えるようにしています。これは実験でもあります。1学年から教えると3学年にあがったとき、以前よりよくなっているかどうか。それから初級中学受験、高級中学受験や大学受験に重点をおくためでもあります。1学年から教えてもあまり負担にならないように子どもの興味関心を高める授業づくりをしています。近年、保護者も英語を重要視するようになってきています。例えば、2学年の児童のなかで、小学校で学ぶ英語の教科書を夏休みや冬休みの期間を利用して全部勉強した人がいます。いまはみんな幼稚園のときから英語を習っています。」

　E4教師は、英語の早期導入の必要性を主張し、それは受験のためであるという。彼女は、土日の時間を利用して、自分が担当しているクラスの児童に英

語の補習をしている。著者が授業参観をした際、今学期から土日補習を受ける子どもの人数を確認していたのは彼女であった。

3）モンゴル語で英語教育を学習するべきである

E2教師は、2004年から初級中学で英語を教えている。英語を学習するとき、教科書や試験問題は漢語よりモンゴル語が児童・生徒に適するという。

> 「モンゴル民族学校の児童・生徒の英語発音はいいけど、語彙力は足りません。遊び過ぎかなと思います。漢民族の子どもよりできていません。以前は漢民族の子どもにも教えていたが、彼らの発音はあまりよくないけど、もっと熱心です。モンゴル民族の生徒は発音がきれいです。『モンゴル民族学校は漢民族学校と同じ教科書を使っていますか？（著者）』そうですね。今は教科書も学習する学年も同じ、私が赴任したばかり（2004年）の時の人民教育出版社の教科書が、モンゴル語に翻訳されていたからすごくよかったです。最初に卒業した生徒の試験はモンゴル語でした。現在は漢民族学校用の教科書と同じものを使用しているので内容がとても難しいです。」

E3教師は、モンゴル民族ではあるが、小学校から漢民族学校に通い、大学卒業まで漢語による教育を受けていた。そのため、モンゴル語の読み書きはできない。日常会話の聞き取りはできるが、上手に話すことができない。そのため、初級中学2学年2クラスの英語を担当している彼が授業で使う言語は、漢語である。モンゴル民族の生徒に英語を漢語で教える点に関して、彼は「漢語で教えると多くの生徒は理解できますが、母語であるモンゴル語で教えた方が良いと思います。漢語のレベルがあまり高くない生徒もいますので。」という。

4）教師の努力の大切さ

E3教師は、大学受験はもちろん、初級中学や高級中学への進学受験にも英

語が必要であるため、1学年からトライリンガル教育は難しいので、教え方を工夫する必要があるという。

「少しは負担になると思います。でも、その現状に合わせて教える必要があります。たとえば、1学年からはアルファベットを教えないで、子どもの興味関心にあわせて、日常会話、ゲーム、歌などを教える方法もあります。」

(4) 小括

小学校トライリンガル教育に関して、モンゴル語教師、漢語教師及び英語教師の認識を分析した。大まかに、モンゴル語教師は「反対」、漢語教師は「賛否両論」、の英語教師は「賛成」という結果を得た。

モンゴル語教師は、小学校1学年からのトライリンガル教育を受けることに対して反対である。それは、民族学校では母語であるモンゴル語の習得が重要であるため、小学校1学年ではモンゴル語のみを教えるのが適切である。英語は現実に使用しないため、1学年から学習する必要はない。漢民族学校では漢語と英語を学習するのに対して、モンゴル民族学校では、モンゴル語、漢語と英語の三つの言語を勉強するのは負担である。

漢語教師の間では、小学校1学年からのトライリンガル教育を受けることに関しては賛否両論ある。漢語は子どもにとってあまり難しくない、英語を勉強するときに漢語は橋渡しになるため、漢語の早期習得は必要不可欠である。また、ことばは早い段階から学習すると子どもの興味関心を高めることができるため、1学年から三言語を学習するべきである。一方、漢語のピンインと英語のアルファベットを1学年から同時に学習すると混乱する場合がある。

英語教師は、小学校1学年からのトライリンガル教育を受けることに関して賛成である。英語の早期導入は子どもの高級中学や大学受験のためである。しかし、初級中学で使用する教科書が漢語であるため難しく、モンゴル民族学校で使用する教科書はモンゴル語で書いてある方が子どもに適している。

3　モンゴル語の授業に苦悩するモンゴル語教師

　英語教育が小学校から導入されていることが、モンゴル語学習にどのような問題を生起させているのか。また、教育現場に携わる教師はその現状をどのように受け止めているか。以下、モンゴル語教師へのインタビュー調査を通して分析する。

　M1 教師は、子どものモンゴル語の現状を以下のようにいう。

　　「今では遊牧生活を体験している子どもが少なくなっているので、それを授業で理解させるのはとても難しいです。例えば、以前は五家畜に関してあまり説明する必要はなかったが、今の子どもはほとんど分からないのでいちいち説明する必要がある。子どもの現実に即さないのです。」

　いまの子どもは実際、遊牧生活の経験が少なくなり、それを授業で教えることはとても難しい。M1 教師は、教室言語をモンゴル語のみにして漢語での会話を禁止することや、モンゴル語で書かれた本を強制的に読ませる、などの工夫をしているという。また、朝晩の自習の時間や副授業を利用してモンゴル語の指導をしている。

　M3 教師は、子どもたちは遊牧生活のことばが理解できないだけでなく、日常生活で使用することばもできないという。モンゴル語の授業では本文を読めるが内容を理解できない子どもが多い。彼女の、モンゴル語の授業では読解力とコミュニケーション能力を高め、作文を書かせたりしている。物語を話させたり、一日の出来事の話、あるいは自由にスピーチをさせたりしている。そうすると、一日の出来事すらモンゴル語で上手に伝えられない子どもがいる。学校を卒業すれば全部漢語で話をする子どもが多いためである。そのため、小学校低学年から児童のモンゴル語でのコミュニケーション能力を強調している。
　例えば、「壁」という単語をモンゴル語で「herem」「hana」というが、これ

を言えない子どもがいるという。それ以外にも、以下のような文法の間違いがある。

①私の父は・・・
　（誤）abu chnü・・・
　（正）minü abu・・・
モンゴル語で「私の父は・・・」を「あなたの父は・・・」と間違う。

②私のお腹が痛いです。
　（誤）minü ɣedesu ebedejü baina
　（正）bi ɣedesü ebudeji baina
モンゴル語で「私のお腹が痛いです」を「私お腹が痛いです」と間違うのである。M3教師は、最近の子どもはこのようにモンゴル語をよく間違うという。

モンゴル語以外にM2教師は、モンゴル語の授業で子どもにモンゴル民族の歴史を話したりしている。

「民族の歴史、文化、生活習慣、歴史人物などをモンゴル語の教科書を通して理解できるようにしています。それからモンゴル国の内容も多く取り入れています。内モンゴル自治区の近現代の有名な作家の文章なども取り入れています。モンゴル民族の遊牧生活、ゲルの構造、五家畜などの説明もあります。しかし、モンゴル民族の歴史に関する内容は少ないです。やはり中国史を教えると同時にモンゴル民族の歴史も教えたほうがいいと思います。それで私たちモンゴル語の教師は授業中にモンゴル民族の歴史について説明する時があります。しかしモンゴル語の教科書でモンゴル民族の歴史の内容を取り入れたものがとても少ないです。そして、子どもはモンゴル民族の歴史を学校教育でしか勉強することができないからです。」

M2教師は自身も大学に進学するまで、モンゴル民族の歴史を学校教育で学んだ経験がなかったという。大学では中国史の授業を選択していた。担当していたのは、モンゴル民族の教師だったので、モンゴル民族の歴史も内容に入っていた。当時、担当の教師の説明が分かりやすく、面白かったので、自分でもモンゴル史の本を読んでいたそうである。

　M2教師はモンゴル語の授業で歴史を説明することがある。モンゴル語の授業で歴史の内容を多く取り入れ、中国史と同時にモンゴル史も学校教育で学んだ方がいいという。

小括

　ここでは、モンゴル語の衰退がモンゴル語教育に影響を与えていることが確認できた。教育現場で子どもに生じている現象は、今まで生活において理解していた単語が「新出単語」になっていることである。それを全部説明すると授業を時間内で行うことが困難になり、モンゴル語の授業が成立しにくくなってしまう。

　いまはモンゴル民族学校でも自民族の歴史を学習できないため、モンゴル語の授業の中でモンゴル史の話をするなど、個々の教師による工夫がみられる。そして、中国史を教えると同時にモンゴル史を教える必要性があるという。しかし現状では、第二章で分析してきたように、モンゴル史は中国史の一部分としてしか学べない。モンゴル史の教科書が1997年に出版されたものの、授業時間数の不足や受験科目に入っていないため、モンゴル民族学校では使用されていないのである。

第三節　保護者の学校選択への葛藤

　本節では、モンゴル民族学校に子どもを通わせている保護者の学校選択を左右する背景を分析し、その要因を検討する。

表 5-5　調査対象者

名前	性別	年齢	子どもの数	職業	最終学歴	子どもの在学年
オヨン	女	40代	1	教師	大学	中学校3年
タナ	女	30代	1	教師	大学	小学校3年
スチン	女	40代	1	教師	大学	中学校3年
ハスゲン	女	30代	1	職員	大学	小学校3年
ボヤン	女	30代	1	職員	専門学校	小学校2年
ナラン	女	30代	2（双子）	遊牧民	中学校	小学校4年
オラナ	女	60代	2	遊牧民・自営業	小学校	中学校3年と小学校4年
エルデニ	女	30代	1	遊牧民	中学校	小学校3年

1　調査対象者

調査対象者は8名であるが、主な属性の主体は、女性（8名）、30代（5名）、子ども数ひとり（6名）、小学生（7名／10名）である。職業は教師（3名）、職員（2名）と遊牧民（3名）、学歴は大卒（4名）とその他（4名）である。インタビューを実施した時期は、2009年3月19日から4月1日で、調査対象者となった保護者の属性は表5-5の通りである。保護者の名前はすべて仮名である。

改革開放による「モンゴル民族社会」と学校教育の変化のもとで、保護者は子どもが通う学校について、どのように選択をしたか。その選択の要因を分析するために、モンゴル民族学校に子どもを通わせている保護者へのインタビュー調査を行った。保護者に尋ねたのは、漢民族学校の選択の可能性の有無とその理由、モンゴル民族学校を選択した理由である。また三言語の中で子どもが最も好きな言語、保護者が最も重要と考える言語とその理由を尋ねた。

学校選択についての質問は、①漢民族学校の選択を考えたかどうか、考えた場合は更にその理由、②モンゴル民族学校の選択理由、という2問である。前者は保護者8名のうち、4名（オヨン・タナ・ナラン・エルデニ）は考えたことがある、4名（スチン・ハスゲン・ボヤン・オラナ）は考えことがないと回答した。

2　漢民族学校の選択を考えたことがある保護者
（1）「モンゴル語・モンゴル民族文化」は必要ない

　オヨンの子どもは、現在初級中学3学年である。小学校2学年のときフフホト市の興安路小学（2011年4月から「フフホト民族実験学校」と改名）に転校した。オヨンは1992年からAホショーのモンゴル民族初級中学の生物教師で、夫はソムの職員である。オヨンは当時の学校選択に関して、以下のように述べている。

　　「私たち夫婦は子どもをモンゴル民族学校に行かせようかと考えていましたが、私は漢民族学校への入学も考えていました。モンゴル民族学校に行かせた後もかなり悩みました。モンゴル民族学校に行かせた後も、モンゴル民族学校に行ったら子どもの将来にあまりよくない、有利な点がないなと聞いていましたから。今、漢語を使う場面が多いので、モンゴル語はあまり必要ありません。それでモンゴル民族学校に行かせた後も漢民族学校に行かせようと考えました。かなり悩みましたね。それで2学年のときにフフホト市のモンゴル民族学校に行かせました。そこだと、三言語大丈夫ですので。」

　オヨンは子どもを小学校2学年からフフホト市の小学校に転校させた。Aホショーの民族学校から首府フフホト市の民族学校に転校させたのは、都市の学校の場合、子どもが見聞するものが増えるためという。当時は宿舎が満員だったため入居できず、フフホト市でマンションを借りて、祖母が身の回りの世話をしていた。転校した興安路小学は内蒙古師範大学の附属校で、フフホト市の戸籍がない場合は入学できない。系列の高級中学は内モンゴル自治区で最も大学進学率が高く、高級中学受験で進学することができる。系列の高級中学になると「重点クラス」と「自費クラス」に分けられる。重点クラスは入試で点数に達した者が在籍し、授業料が徴収されないが、自費クラスはその入学点数に達しなかった者のクラスで、年間8000元の授業料が徴収される。内モ

ンゴル自治区での平均収入は月2千元～3千元なので、家庭にとっては大きな負担になる。この学校は、内モンゴル自治区はもちろんだが、自治区以外の大学への進学率が最も高い高級中学である。

オヨンは、子どもの学校選択にかなり悩んでいた。周囲の人々の影響もあり、モンゴル民族学校に入学させた後も悩み続けた。そのなかで小学校2学年の時にフフホト市の学校に転校させた。フフホト市の学校はレベルが高く、漢語についても英語についても心配ないので、三言語をマスターできる。また、英語ネイティブの教師も来てくれるといった理由からであった。

一方、当時漢民族学校への転校を選択しなかった理由を以下のように述べている。

「自民族のことばを忘れさせないためです。漢民族学校に行けばモンゴル語で話す環境がほとんどなくなります。漢民族学校に行くと毎日遊び相手も漢語話者になり、モンゴル語を全部忘れてしまう恐れがあります。子どもには、モンゴル民族としてモンゴル語も覚えて欲しいと思いました。」

このようにオヨンは子どもの学校選択にかなり悩まされていた様子が確認できた。悩む理由としては、漢語と英語の習得と母語であるモンゴル語である。最終的にモンゴル民族学校に決めた要因は、モンゴル民族としてモンゴル語を習得してほしいという願いであるが、フフホト市の学校に行けば、モンゴル語だけでなく漢語も英語も十分に勉強できるという希望が叶えられると考えたからである。

（2）「失敗例」と競争率の高さ

タナは、モンゴル民族初級中学の漢語教師である。1992年に大学を卒業して、最初の3年間ソムの小学校で働いていたが、その後、現在の学校にきた。夫は決まった仕事がなく、アルバイトをしている。

タナは自分の子どもの学校選択に関して以下のように語った。

「娘を漢民族学校に通わせるつもりで、3歳から漢民族幼稚園に行かせていました。2006年ごろ同僚や知り合いの子どもが初級中学を卒業しても、高級中学への進学ができないことなどを聞いていたため、モンゴル民族学校を選びました。同僚の子どもでモンゴル民族学校に通い、有名な大学に受かった例もあります。それから漢民族学校に行かせる場合、家庭言語が漢語であれば大丈夫だが、家庭言語がモンゴル語の場合はやはり難しいです。うちは二人（夫婦）ともモンゴル民族で、家庭言語がモンゴル語になるので、漢語で子どもの勉強をサポートできません。漢民族学校に行くと競争が激しくなり、『出世』するのがかなり難しいです。最近、モンゴル民族学校でも英語を重要視し始めているし、漢語は日常生活で使うので自然に身に付きます。それからモンゴル語もできて、ひとつ多くのことばを学べば、自分なりの人生を歩むことができるだろうと思いました。それでもやはりモンゴル語を忘れて欲しくなかったのです。また当時（2007年）、1学年の担任の教師は責任感が強く、評判もよい先生でしたので、モンゴル民族学校に行かせました。」

タナは子どもの学校での勉強、モンゴル語と漢語の状況を以下のように話している。

「本を読むのも漢語で書かれたのが好きです。うちに帰ったら本を読むことを勧めていますが、子どもは漢語の童話とか小説とか見るのが好きで、モンゴル語は全然読みません。子どもは私たちとは、モンゴル語で話します。しかし母の家へ行くと、兄の子どもは漢民族学校に行っているので、彼女（兄の子）と遊ぶときは全部漢語を使い、モンゴル語はあまり話しません。担任の先生のモンゴル語はフェデゲ（xödege）の標準モンゴル語（フェデゲは草原という意味で、フェデゲのモンゴル語を標準モンゴル語と捉える場合が多い）だからモンゴル語は上手になっています。しかし、モンゴル民族幼稚園に通っていなかったため基礎があまりありません。

モンゴル文字を書くと間違いが多く、モンゴル語の本を読まないから、モンゴル語で日記や作文を書いたりするのはあまり上手ではありません。」

　従妹が漢民族学校に行っているため、従妹と遊ぶときは漢語しか話さない。また、タナが学校選択に悩み、子どもを漢民族幼稚園に通わせていたため、いまではモンゴル語より漢語の方が好きになっている。しかし、担任の教師のモンゴル語は標準語できれいなモンゴル語を話すので、教師の影響もあり、両親とはモンゴル語で話す。しかしモンゴル語を読む機会が少ないので、日記など文章を書いたりするのは、あまり上手ではない。タナが言うには、漢民族幼稚園に行っていたから、モンゴル語より漢語が好きだということである。タナは子どもに本を読むのを勧めているが、モンゴル語より漢語の童話や小説を読むという。子どもが漢民族学校に行っている従妹とよく遊ぶので、全部漢語になる。小学校に入学するまで、漢民族幼稚園だったため、モンゴル語の基礎がないという。

　タナは子どもを漢民族学校に行かせるつもりで、3歳から漢民族幼稚園に行かせていた。小学校に入学するまでの言語環境が漢語であったため、いまでもモンゴル語より漢語で話すほうが多いという。漢民族学校を選択したモンゴル民族の子どもの「失敗例」の影響や、子どもの「出世」を考慮すると競争率が高くなるため、モンゴル民族学校を選択したのである。

（3）漢民族幼稚園の「不適応」

　ナランには、双子の娘がいる。以前はソムに小学校があり、家畜を飼って暮らしていた。学校統廃合でソムの学校がなくなったため、2007年にAホショーにきた。今は家畜を飼えないため、Aホショーで部屋を借りて住んでいる。

　Aホショーに来たとき、漢民族学校に通わせるつもりで、子ども二人を漢民族幼稚園に行かせた。当時4歳で漢語がまったく話せなかったので、一週間しか続かない、いわゆる「不適応」であった。そのため、モンゴル民族幼稚園に行かせた。しかし今では、「モンゴル語の宿題をするときは泣きながら取

り組み大変なことになります。漢語と英語は好きですが、モンゴル語はあまり好きではありません。」という。両親とはモンゴル語で話すが、子ども同士の場合、漢語で話す。ナランは学校が休みになると娘をフェデゲに連れていく。フェデゲは子どもが自由に遊べるし、空気も新鮮だからである。ナランはＡホショーでの生活はあまり好きではないという。

(4) モンゴル民族学校でも英語が学べる
エルデニは家畜を飼い遊牧生活をしていたが、禁牧になってからＡホショーに引越してきた。子どもはＡホショーで生まれ育った。夫はいま工場でパートとして働いている。

「今、みんなが言うには、モンゴル語はあまり必要がなくなっています。大学を卒業しても必要ない、という噂があったから、漢民族学校に行かせようと思っていました。それから悩んだのですが、モンゴル民族学校に行かせました。モンゴル民族学校でも１学年から英語と漢語の両方を学べるから、漢民族学校よりひとつ多くのことばを勉強することができるので、モンゴル民族学校に行かせました。」

「私は今も、これからもモンゴル語が好きだけど、夫が家庭でも漢語で話したりします。私の母親と同居していて漢語はあまり話せません。私も娘とモンゴル語で話します。『ご主人は漢語で話しますか？（著者）』夫が漢語で話しても、うちの子どもはモンゴル語と漢語の両方で話します。いつも漢民族の子どもと遊ぶから両方話せます。私たちは初級中学にいた時は、漢語はあまり話せなかったのですが、いまの子どもはモンゴル語と漢語のバイリンガルになっています。『今のモンゴル民族学校をどう思いますか？』今学期からデエル（モンゴル民族衣装）を作って、「モンゴル式」とかいってかなり騒がしくなっています。学校でも「モンゴル式」を重視していますね。この何年間か、モンゴル民族学校に行かせている人が多く

なっています。」

　エルデニは、周りに「モンゴル語無用論」が広がっていたこともあり、漢民族学校への入学も考えていた。最終的にモンゴル民族学校を選択したのは、漢語と英語を小学校1学年から学習し、モンゴル語の勉強もできるからである。言語を一つ多く勉強できれば、将来役に立つ可能性を考慮したうえでの選択であった。

（5）小括
　オヨンの場合は、漢語と英語を重視し、漢民族学校という選択肢もあったが、やはりモンゴル民族であるため、モンゴル語も学んでほしいという願いもあった。他方、タナの場合は子どもが3歳の時、漢民族学校への入学も考慮し、漢民族幼稚園に行かせていた。周囲の人の言動の影響もあったが、最終的にモンゴル語を勉強させたいという願いがあったため、モンゴル民族学校を選択したのであった。また、ナランの場合は、子どもを漢民族幼稚園に入園させたが、適応できなかったのである。しかし、6年後の現在、モンゴル語より漢語が好きで、漢語を好んで話すという。さらに、エルデニの場合は、「モンゴル語無用論」が蔓延したため、漢民族学校への選択を考慮したが、最終的にはモンゴル民族学校にした。それは漢語、英語とモンゴル語の三つの言語をマスターし、漢民族より一つ多くのことばができれば、子どもの将来の役に立つと考えたうえでの選択である。

3　漢民族学校の選択を考慮しなかった保護者
（1）「漢語・漢文化」が「出世」に繋がるということではない
　スチンは、1989年から民族学校で政治教師をしている。子どもは初級中学3学年で、夫は裁判所に勤めている。スチンは子どもの学校選択に関して、ほとんど迷わずにモンゴル民族学校を選択したという。

「漢民族学校に行かせると漢民族の嫁を連れてくるのが怖いです。漢民族の嫁はあまり好きではありません。これは漢民族学校の選択を考慮している人々、あるいは子どもが既に漢民族に通っている人々に共通する考えかもしれません。それから1990年代、モンゴル民族学校に行かせる必要はあまりないと言われていました。私たち二人（夫婦）はフェデゲ出身であり、高級中学を卒業するまで漢語をあまり話せなかったのです。漢語は結構前から学んでいて、今は話せます。それで私が言ったのは、『出世』するかどうかは、漢民族学校に行くか、モンゴル民族学校に行くかというので決まるのではなく、自分で勉強するかどうかにある、ということです。私たちはフェデゲ出身で高級中学を卒業するまで漢語はあまりできなかったのですが。」

このように、スチン夫妻は、子どもが漢民族学校に行くと漢民族の彼女を連れてくるのを恐れていた。漢民族の彼女と結婚すると自分が大変になるという。同じ地域で生活していても、モンゴル民族と漢民族の生活習慣や文化が異なるので、かなり大変な場合もある。スチンは内モンゴル自治区の東部の通遼市出身であり、夫は内モンゴル自治区西部の烏蘭察布盟（ウランチャブ）出身で、二人ともフェデゲ出身である。高級中学を卒業するまで漢語はあまり話せなかったが、いまはそれなりの仕事についている。漢民族学校に行けば「出世」できるということでもない。自分で努力すればモンゴル民族学校を卒業しても「出世」できる。子どもは「外で漢民族の子どもと遊ぶので、漢語には困らないですね。いつも私たちの発音は間違っていると直されます。モンゴル民族学校に行けばモンゴル語と漢語のバイリンガル話者になれますので。」という。

子どもの三言語に関しては以下のように話している。

「成績は悪くないし、英語を修得すれば、社会に出て仕事を探す時いいかなと思います。モンゴル語もあまり勉強できていないと他の言語の勉強

にも影響があります。最低でもモンゴル語の勉強をよくさせて、漢語とモンゴル語がよくなってきたらまた英語も学ばせたいと思います。そうすると、外国企業とかでも働けると思います。人はより良いものを求めるから、誰でも自分の子どもに三言語を全部マスターさせたいと思います。中国では90%以上が漢民族だから、漢語を勉強しないわけにはいきません。内モンゴルでもモンゴル語をあまり使わないから仕方ない。だからモンゴル民族の言語は喪失しつつあります。私が言うように、漢族の嫁を連れてくるのが恐いというのも本当、漢学校にいくと周りが全部漢族だから、子どもとの交流も難しくなります。」

スチンは子どもの学校選択にほとんど迷わずにモンゴル民族学校を選んだという。それは、自分が漢語をあまりできず、モンゴル民族学校を卒業したが、それなりの職についていることを理由として挙げている。そしてモンゴル民族学校に行けば、モンゴル語と漢語のバイリンガル話者になれるという。子どもは漢語を使う環境があるので、モンゴル語も習得して欲しいという。

(2) ことばを一つ多くマスターすれば、将来役に立つ

　ハスゲンは、東部の通遼市出身でフフホト市の大学を卒業した。地元での就職が難しいため、西部で就職活動をして今の仕事に就いた。現在子どもは小学校3学年であるが、最初はモンゴル民族幼稚園に2年半、その後漢民族幼稚園に1年半通わせていた。モンゴル民族幼稚園にいたときは、漢語は全く話せなかったので漢語を覚えさせるために、漢民族幼稚園に少し行かせた。ハスゲンは当時、そのまま漢民族学校への入学は考えなかったという。

「2年半モンゴル民族幼稚園にいたとき、漢語は少しも話せませんでした。それで漢民族幼稚園に行ったら漢語も上手に話せるようになりました。それから学齢期になったときに思ったのは、私たちの子どもはモンゴル民族学校に行ったらモンゴル語を学べるから、今後の道もちょっと広がるか

なと思いました。ことばを一つ多く習得したほうが有利だと思います。三つのことばが話せると仕事とかのときは選択肢が増えるので、それから漢語をよく勉強すれば漢民族とそんなに差がないと思います。」

このように、ハスゲンがモンゴル民族学校を選択したのは、三言語をマスターすれば、選択肢が増えて、子どもの将来に役に立つ可能性があると考慮したからである。

（3）「漢」は好きでない
ボヤンはソムの職員で、子どもが幼稚園に入るまでソムに住んでいた。小学校への入学条件として、幼稚園に一年間通う必要があるため、2006年にAホショーに引越してきた。夫は、錫林郭勒盟(シリンゴル)の小学校教師だったが、仕事を辞めていまは一緒に住んでいる。1,000キロ以上離れ、遠距離であったので、給料の半分がもらえる条件で退職した。いまは夫がAホショーで自営業を始め、マンションを購入し、家族と住んでいる。ボヤンの仕事はソムにあるが、忙しくないときは行かない。子どもが幼稚園のとき、周りの友人は子どもを漢民族学校に行かせていた人もいたという。しかし、ボヤンは迷わずにモンゴル民族学校に行かせたという。ボヤンは、「自分が漢語をあまり話せないから、漢民族学校に行かせようと思わなかったです。『漢』をあまり好きじゃないから。でも今、子どもが小学校2学年で、モンゴル語も漢語もできます。」と、心配していないという。

ボヤンはモンゴル民族学校を選択したのは、自分は漢語が得意ではないことと、「漢」は好きではないからである。

（4）家庭言語は大切である
オラナは孫二人の面倒をみるため、Aホショーで部屋を借りている。小学校4学年と初級中学3学年の孫がいる。両親は家畜を飼っていて仕事が忙し

く、子どもの面倒を見られないため、オラナが身の回りの面倒を見ている。当時、ソムに小学校があったが、Ａホショーだともっとも質の良い教育が受けられると思い、幼稚園からＡホショーにきた。

オラナは学校選択については以下のように話している。

> 「当時、漢民族学校に行かせようとは全く思わなかったですね。漢民族学校に行かせるとモンゴル語を忘れちゃうから。大きくなったらモンゴル語を勉強するには大変だし、小さいころからモンゴル語を覚えさせた方が簡単だと思います。今は漢語を同じく学べます。漢民族学校に行った場合、自分で教えようとしてもできませんから。私たちは漢語ができませんので。」

それから、フフホト市に住んでいる次男の子どもの状況を以下のように話している。

> 「次男の子どもは今５歳です。私がよく言うのは、漢民族学校に行かせないで、それから家庭でも漢語で話さないでと言っています。でも子どもは学校では漢語で話すから、あなたたち二人は、家庭ではモンゴル語で話すとちょっと覚えられます。子どもはまあまあできているが、でも（大人は）どうしても漢語で話そうとしがちで、私とも漢語で話そうとします。私は『あなたの言っていることがわからない』と言うの。そういうとわかるからすぐモンゴル語で話してくれます。この二人（長男の子ども）は私たちと一緒に育ったからモンゴル語を忘れないと思います。」

オラナはモンゴル語を覚えさせたいことと、家庭ではなるべくモンゴル語を使うようにしているという。小さいころからモンゴル語を覚えることを強調している。

（5）小括

　漢民族学校の選択を考慮しなかった要因は、以下のようである。

　スチンは、「漢語・漢文化」が「出世」に繋がるということではない。スチン自分自身もモンゴル民族学校を卒業したが、いまは職についている。それからモンゴル語と漢語のバイリンガルになって欲しいという願いからである。

　ハスゲンは、モンゴル語、漢語と英語の三つの言語をマスターすれば、選択肢が増えるし、子どもの将来にも役に立つだろうという。

　ボヤンは、自分は漢語が得意ではないし、「漢」は好きでないので、子どもにモンゴル語ができるようになって欲しいという願いである。

　オラナは、モンゴル語は小さい時に勉強させることと、家庭言語が大切という。

4　子どもと保護者の言語に対する対立・葛藤

　モンゴル民族学校の選択理由では、多数の保護者が言語学習に言及した。

　トライリンガル教育に関する問いは、①「子どもが三言語の中で最も好きな言語」、②「保護者が三言語の中で最も大事と思っている言語とその理由」の2問である。三言語の中で最も好きな言語では漢語が7名、英語が2名、モンゴル語が1名と回答している。保護者が三言語のうち最も大事と思っている言語は、英語が5名で最も多く、漢語とモンゴル語が1名、三言語とも重

表5-6　三言語のなかでの好きな言語（子ども）、大事な言語（保護者）

保護者	年齢	職業	学歴	好きな言語	大事な言語・理由
オヨン	40代	教師	大学	漢語	英語・受験のため
タナ	30代	教師	大学	漢語	英語・私たち自分でわからない・受験のため
スチン	40代	教師	大学	漢語	英語・外国企業で働かせたい
ハスゲン	30代	職員	大学	漢語	三言語とも重視している・すべてマスターできれば有利である
ボヤン	30代	職員	専門学校	漢語	英語・受験のため
ナラン	30代	遊牧民	中学校	漢語・英語	英語・受験のため
オラナ	60代	遊牧民	小学校	モンゴル語・英語	モンゴル語・ほかの言語の学習より自民族の言葉を忘れないで欲しい
エルデニ	30代	遊牧民	高校	漢語	モンゴル語・自分は「モンゴル」が好きで、子どもにも覚えて欲しい

視が1名となった。保護者に尋ねた、三言語のなかで最も好きな言語と大事な言語とその理由を表5-6のようにまとめた。

（1）「漢語好き」な子ども、「英語大事」な保護者
1）「漢語好き」と「モンゴル語嫌い」な子ども

タナは、「子どもはモンゴル語より漢語が好きです。漢語の授業の場合は喜ぶが、モンゴル語の授業はあまり好きではありません。モンゴル語より漢語の本を読むのが好きです。」という。タナは最初から子どもを漢民族学校に通わせるつもりで、漢民族幼稚園に入園させていた。小学校に入学するまでの言語環境は漢語が多く、今でも漢語を好んで話す。学校の授業では漢語の授業が好きであり、子ども向けの本も漢語のものをよくみる。

ボヤン自身はフェデゲ生まれ・育ちで、自分は「漢」は好きではないし、漢語もあまり上手ではないという。ボヤンは子どもの様子を以下のように話す。

> 「私はフェデゲで育ったから漢語あまり話せなかったです。しかしいまの子どもは漢語を上手に話せます。テレビもモンゴル語より漢語の番組をみます。私がモンゴル語の番組をみると一緒にみますが、そうではないとみませんね。アニメも漢語でみるのが好きですね。今の子どもは本当に『漢』が好きです。」

ボヤンはもともとソムに住んでいたが、子どもが小学校に入学する前の年にAホショーに来た。子どもは自分と異なって、「モンゴル」より「漢」が好きである。テレビ番組も漢語のチャンネルをみる。自分は小さいころから漢語が苦手だったが、子どもはモンゴル語より漢語が得意である。

ナランの子どもは4歳でAホショーにきた時、漢語は全然話せなかったため、漢民族幼稚園に適応できず、一週間しか通えなかった。しかし、いまは「モンゴル語の宿題をすることになると泣いたりして大騒ぎになります。お父さんがいるとちゃんと説明してあげます。モンゴル語の本とかは読まないです。

第五章　母語の衰退とモンゴル民族教育

モンゴル語の本も少ないからです。私たちはモンゴル語で話しますが、子ども同士では漢語で話しますね。モンゴル語の番組はほとんど見ません。」という。4歳の時は漢語を話せず、漢民族幼稚園に入れたが慣れずにいた子どもが、小学校4学年の時は「モンゴル語嫌い」になってしまう。4歳から9歳までの5年間の都市での生活が彼女をここまで変化させたのである。

2)「英語大事」な保護者

　まずオヨン、タナ、ボヤンとナランがいうように受験のためである。

　オヨンは子どもをフフホト市の小学校に転校させたのは、Aホショーよりフフホト市の学校はレベルが高く、英語ネイティブの教師がいるからである。またタナは「英語は大学受験の科目に入っていますので、これからは英語が大事になります。いま私たちは外国語である英語をもっとも重視しています。漢語にはあまり困っていないし、モンゴル語もあまり困らないでしょう。『なぜ英語が大事だと思いますか？（著者）』なぜかというと私たち自分では英語を勉強したことがないし、まったく話せません。これから必要であると思いますので、モンゴル民族学校も漢民族学校も英語を重視しています。『社会に出れば必要と思っていますか、それとも受験のためですか？（著者）』受験ですかね、いまは公務員試験には英語は入っていませんが、良い大学に進学したい場合は英語の点数が非常に大事になります。主に受験科目に入っているから重視しています。」という。スチンは「英語が大事と思い、小学校1学年から英語の塾に通わせています。成績は悪くないし、英語をマスターすれば、社会に出て仕事を探す時いいかなと思います。外国企業とかでも働かせたいと思います。」という。ボヤンは漢嫌いで、子どもをモンゴル民族学校に行かせたが、いま子どもは漢が好きである。しかし、ボヤンはこどもの将来を考えるとやはり英語が大事であるという。

　保護者は英語が大事と思うのは、受験のためである。いま大学受験はもちろんだが、高級中学の受験にも英語科目が入っている。受験以外には、将来外国企業で活躍して欲しい、自分で英語ができないため、子どもにはマスターさせ

たいという願いがある。

（2）三言語とも大事な保護者

　小学校から英語教育が導入され、トライリンガル教育を実施するモンゴル民族学校を保護者はどのように捉えているだろうか。

　ハスゲンは「モンゴル民族学校を選択したのは、三言語を学べるからですね。将来仕事の選択肢が増えます。漢語もよく勉強しているから漢民族学校に行かせたのと同じになると思います。」という。ハスゲンは学校選択に迷わずにモンゴル民族学校を選択した。三言語とも重要であり、全部勉強して欲しいという、三言語をマスターすれば、将来の選択肢が増える可能性がある。

　タナは学校選択にかなり悩んだ。小学校に入学するまで子どもを漢民族幼稚園に入園させていた。悩んだ当初、三言語に関して以下のように述べている。

> 「最近、モンゴル民族学校でも英語を重要視し始めているし、漢語は日常生活で使うので自然に身に付きますし、それからモンゴル語もできて、ひとつ多くのことばを学べば、自分なりの人生を歩むだろうと思いました。」

　悩んだ末の決断には、モンゴル民族学校のトライリンガル教育の影響もあったのである。

　エルデニが学校選択に悩んだのは「モンゴル語無用論」説である。エルデニは学校選択で悩む際に思ったのは、「モンゴル民族学校でも1学年から英語と漢語の両方を学べるから、漢民族学校よりひとつ多くのことばを勉強することができます。それでモンゴル民族学校に行かせました。」ということであった。

　「モンゴル語無用論」説に悩まされたが、最終的にモンゴル民族学校に決めたのは、そこでも1学年から英語が学習でき、かつ漢語とモンゴル語の三言語を習得することができるからである。

（3）保護者のモンゴル語・モンゴル民族文化への思い

オラナは子どもの学校選択を迷いなく、モンゴル民族学校に行かせた。オラナはモンゴル語とモンゴル民族文化への思いを以下のように語っている。

> 「モンゴル民族学校の設備は以前より良くなっています。できれば民族のことばを忘れさせないように、またモンゴル語や文化を忘れさせないように、と思っていますけど、子どもたちはどう思っているかわかりません。民族文化はかなり失われています。わかる人が少なくなっています。今の子どもはもっとわかりませんね。」

オラナはモンゴル語と文化を分かる人が減少している今日、それを子どもに継承したいという。

エルデニは「子どもは漢語の本はよく読みます。絵本、小説などは全部漢語で読みます。今の子どもは心の底から『漢好き』ですね。本、アニメ番組はすべて漢語でみるのが好きです。たくさんありますので。」という。エルデニは、子どもが本やテレビ番組などを見るとき全部漢語でみるし、「漢が好きである」という。しかしエルデニ自分自身はモンゴルが好きで、子どもにもモンゴル語を覚えて欲しいという願いがある。

親戚がフフホト市に住んでいて、子どもがモンゴル語はほとんど分からないという。

> 「彼らはお正月になると毎年、フェデゲにきています。子どもたちがモンゴル民族の生活を知らないので、フェデゲの生活習慣をみてもらうために連れてきます。子どもは漢民族学校に通っているため、モンゴル語はほとんど話せません。『食べる・飲む』くらいの簡単なあいさつしかできません。モンゴル民族の伝統的なお正月のあいさつの仕方をみて、びっくりしていました。写真とか撮っていました。それをみて、自分の子どもをモ

ンゴル民族学校に行かせて本当に良かったと思いましたね。」

　エルデニの親戚の子どもは、首府フフホト市で生まれ育ち、かつ漢民族学校に通っているモンゴル民族の子どもである。彼らは都市で生まれ育ち、漢民族学校に通い、モンゴル語もほとんどできず、モンゴル民族の伝統生活も体験したことがないのである。エルデニは、自分の子どもは漢好きではあるが、自分はやはりモンゴル語を忘れて欲しくないという願いがある。

（4）小括
　子どもと保護者の言語に対する認識には差異があることが明らかになった。
　三言語の中で子どもが最も好きな言語は「漢語」であり、モンゴル語や英語を大きく上回った。しかし、保護者が大事と思う言語は「英語」である。いずれの場合も「モンゴル語」の選択は少なかった。日常生活における漢語優位な面もあり、子どもは「漢語好き」、「モンゴル語嫌い」である。保護者は、「英語」は大学受験や将来の必要があるため、最も大事であるという。また保護者の学校選択に小学校トライリンガル教育の影響もある。一方、保護者は、自分自身はモンゴル民族であるため、子ども・次世代にモンゴル語・モンゴル民族文化を伝承したいという強い思いもあることが明らかになった。

まとめ

　本章では、1978年の改革開放以降のモンゴル民族教育の現状を、少数民族地域や学校教育における政策分析、モンゴル民族学校の言語教師と保護者へのインタビュー分析を通して考察した。
　「モンゴル民族社会」の変化や英語教育の導入によるモンゴル語の衰退が明らかになった。モンゴル語が衰退しているなかで、モンゴル民族学校のトライリンガル教育に関して、「反対」のモンゴル語教師、「賛否両論」の漢語教師と「賛成」の英語教師という多様な捉え方がうまれていた。また、モンゴル語の

授業がスムーズに進まなくなっている点が明らかになった。遊牧生活に密着したことばへの理解に対する苦悩や、日常生活で使用することばすら理解できなくなっている子どもがいる。そして英語教育の導入により、モンゴル語の授業時間数が減少し、教科書の内容が授業時間内に終わらないため、副授業や朝晩の自習の時間を使って、モンゴル語を教えている。また教科書の内容が日常生活からかけ離れているため、児童・生徒はモンゴル語の授業に興味関心を示さず、授業が絵空事になりがちである。第二章で分析したように、今日の「モンゴル民族社会」を反映した内容が少ないことが確認できた。

保護者においては、漢民族学校の選択については「考えた」と「考えなかった」が二分され、その学校選択は「モンゴル」への完全な肯定ではなく、教師・保護者ともにいろいろと葛藤し、模索しているという事実が明らかとなった。

学校選択に関して保護者があれこれ悩む様子が窺える。気持ちが揺れ、一度決めてからも動揺している。保護者の学校選択の悩みは言語選択でもある。民族学校の語学教育でのトライリンガル教育のメリットや、将来における選択の幅の広がりを考えて最終的な選択に及んでいる。現実社会では漢語のコンテンツの多さ、英語は受験に必須の言語である。しかしモンゴル民族であるため、自民族のことばも次世代に学習させたいと考える保護者の願いがある。

三言語に対する、子どもと保護者の意識の差異がある点も明らかになった。三言語のなかで子どもの最も好きな言語は「漢語」であり、保護者が大事に思う言語は「英語」である。また保護者は、自民族のことばや文化を次世代に継承したいという強い思いもあることが明らかになった。

注

1) 中華人民共和国国務院「生態移民政策措施的若干意見」2002 年。
   http://www.zxtlaw.com/linkg/linkg279.htm（2015 年 11 月 19 日現在）
2) 「退耕還草」とは、家畜を放牧することをやめて、牧畜地を草原に戻すことを意味する。
3) 加々美光行「中国の民族政策をめぐる新思考：『族群』『自治と共治』―内蒙古自治区を中心に―」『中国 21　特集　内モンゴルはいま―民族区域自治の素顔―』愛知教育現代中国学会偏、Vo1.19、2004 年、43-56 頁。
4) 『中華人民共和国義務教育法』中国民主法制出版社、2006 年、2 頁。
5) 両基とは、「基本普及九年義務教育・基本掃除青壮年文盲」の略語である。意味は「九年義務教育の普及と青壮年の非識字者を無くすことを基本的な目標とする」である。
6) ブレンジャルガル『内モンゴル自治区のモンゴル民族教育における学校統廃合と民族教育の課題』2009 年度首都大学東京人文科学研究科人間科学専攻修士論文、32-34 頁。
7) ジム・カミンズ「バイリンガル児の母語―なぜ教育上重要か」ジム・カミンズ著　中島和子訳著『言語マイノリティを支える教育』慶応義塾大学出版会、2011 年、62-70 頁。
8) 「内モンゴル自治区蒙古語文文字工作条例」内モンゴル自治区第十届人大常委会広告第 19 号、2004 年 11 月 26 日公布。
9) インタビュー協力者のことばは、「　」を用い、著者のインタビューの時は『　』を用いて引用する。モンゴル語や漢語から日本語に訳すときは、文意が変わらない程度に著者が加筆修正を施した部分もある。

終　章

第一節　総括

　第一章「中国におけるモンゴル民族とモンゴル民族教育」では、中国における少数民族としてのモンゴル民族の位置づけと歴史的展開からモンゴル民族教育を考察し、特徴を明らかにした。1949年以降、中国は統一された多民族国家と称し、各民族の平等と団結を掲げ、少数民族に関しては特に重視してきた。当時、少数民族の人材養成にいち早く力を入れ、少数民族幹部の養成と民族学院の設立など教育機関が重要視された。一方で漢語、漢文化への重視により少数民族の歴史・文化の特徴が薄れ、「漢化」され始めた。

　第二章「モンゴル民族教育と歴史・文化の継承」では、小学校及び初級中学のモンゴル語教科書、小学校の社会と初級中学の歴史教科書の分析を通して、モンゴル民族教育の教育内容を検討した。モンゴル語教育では、モンゴル民族の歴史・文化を取り入れ、児童・生徒が自民族の伝統文化を学習できる側面は評価できる。しかし伝統文化の説明に偏りがみられ、モンゴル民族の現状に関する記述がほぼ取り入れられていない点については、改善が求められる。歴史教育では、モンゴル民族の歴史が国家統一の視点から第一に捉えられている。そのためモンゴル民族の動向が一面的になってしまっている。また歴史上の人物の場合、多民族国家の統一と発展のために貢献したことが必須の条件として取り上げられている。モンゴル民族の児童・生徒はモンゴル民族教育を受けてはいるが、自民族の歴史や文化を十分に身につけていると言い難い。

　第三章「バイリンガル教育の歴史的変遷」では、中国のバイリンガル教育政策とモンゴル民族教育における漢語教育の歴史変遷からその特徴を明らかにした。モンゴル民族教育における漢語教育は、1950年代後半からの促進、

1970年代後半の再スタート、そして1980年代からの強化である。当時出された「蒙漢兼通」の理念は、二つの異なる目的で実行されてきた。中国政府はモンゴル語を重視するスローガンをもちつつ、一方で国民・国家統合のために漢語も重要視されてきた。モンゴル民族側は、バイリンガル教育は民族教育発展のためになるとみなし、モンゴル語より漢語教育に力を入れてきた。結果的にモンゴル民族教育におけるバイリンガル教育は、漢語の能力を図るものとなり、モンゴル語より漢語重視のバイリンガル教育になったのである。

第四章「英語教育の導入とモンゴル民族教育」では、英語教育の導入の背景目的と、それによるモンゴル民族教育の動きを明らかにした。モンゴル民族教育における英語教育の導入の背景と目的は、WTO加盟(2001年)や北京オリンピック開催(2008年)、保護者からの要望と受験競争である。また、英語教育の導入により、モンゴル民族学校に子どもが戻りつつあり、新たな動きがあることが明らかになった。

第五章「母語の衰退とモンゴル民族教育」では、改革開放以降の政策分析、各言語教師と保護者へのインタビュー調査を通して、英語教育の導入に伴うモンゴル民族教育に生起している問題点を明らかにした。そこでは、モンゴル語が衰退していることが明らかになった。

また、モンゴル語が衰退する中で、小学校からのトライリンガル教育について、「反対」のモンゴル語教師、「賛否両論」の漢語教師と「賛成」の英語教師という結果である。漢民族学校の選択に関しては「考えた」と「考えなかった」と保護者の中でも、われたのである。それは「モンゴル」への完全な肯定ではなく、教師・保護者とともにいろいろ葛藤して模索しているのである。また子どもと保護者の言語に対する認識にも差異があることが明らかになった。

第二節　モンゴル民族教育と言語教育

本書では、モンゴル民族教育の言語教育の変化、とりわけバイリンガル教育からトライリンガル教育への移行における、モンゴル民族教育の新たな動きを

終　章

検討することを第一の研究課題とした。この課題に取り組むために、まずモンゴル民族教育を通して自民族の歴史・文化をモンゴル民族の児童・生徒がいかに学んでいるかについて、その教育内容の分析を通して明らかにすることを先立つ課題として設定した。次に、モンゴル民族教育におけるバイリンガル教育の歴史的変遷を手がかりに、長年にわたって行われてきたバイリンガル教育のモンゴル民族教育への影響を明らかにした。そして、今までのモンゴル民族教育に存在する課題を明らかにしたうえで、近年導入された英語教育により、トライリンガル教育になったモンゴル民族教育で生起している課題を示すことを最終的な課題とした。

1　自民族の歴史・文化を十分に継承できないモンゴル民族教育

　モンゴル語と歴史教科書の分析を通して明らかになったのは、自民族の歴史・文化を十分に継承できていないモンゴル民族教育である。

　小学校及び初級中学のモンゴル語教科書の分析で、モンゴル民族の歴史・文化は取り入れているものの、モンゴル民族のいまの生活実態に関する記述はないことが明らかになった。モンゴル語の教師は、「子どもたちはモンゴル語の授業を嫌いになっています」、「内容がとても難しく感じる」、「伝統文化の内容は、子どもたちにとって現実的ではなくて、空想的になっている」と指摘する。つまり、モンゴル語教育が、いまの子どもの生活実態にそぐわなくなり、子どもの想像力をかきたてるような教材ができていないのである。

　またモンゴル語教育の目的は、「民族の言語を身に付け、伝統習慣を大切にする心情を育成することと社会主義の思想道徳と愛国主義精神を養うこと」とされている。しかし、モンゴル語の教師へのインタビューとモンゴル語教科書の分析の結果、モンゴル語教育は、「伝統習慣を大切にする心情を育成すること」が十分にできていないことが明らかになった。

　モンゴル民族学校で使用されている歴史教科書は、漢民族学校で使用されるものの直訳である。その内容は、モンゴル民族の歴史を、第一に国家統一の観点から捉えているため、モンゴル民族の活動を一面的に捉えてしまい、歴史上

の人物として取り上げられるためには多民族国家の統一と発展に貢献したことが必須となり、このような人物だけが英雄として高く評価されている。このような歴史教育を通して自民族への意識を育成することは困難であることが明らかになった。

2　漢語重視のバイリンガル教育とモンゴル民族教育

　モンゴル民族教育におけるバイリンガル教育は、漢語重視であることが明らかになった。

　1949年、中華人民共和国が成立して以降、中国は統一された多民族国家と称し、各民族の平等と団結を掲げてきた。少数民族の経済発展のために、特に教育が重要視され、その一環として行われたのは、バイリンガル教育である。モンゴル民族教育におけるバイリンガル教育について、その歴史的変遷の分析から明らかになったことは、漢語教育への偏重である。それは、1950年代と1980年代の時期に顕著であった。

　当時のバイリンガル教育の目的のひとつは、「蒙漢兼通」であった。このフレーズが使用され始めた時には、モンゴル民族の漢語レベルを高めると同時に漢民族にもモンゴル語の学習を求め、相互にモンゴル語と漢語に通じるという意味合いが含まれていた。しかし、これが次第にモンゴル民族の漢語レベルを評価するように変容してきた。

　もうひとつ、民族言語の平等と発展を民族政策の中心として掲げることと、国家統合と近代化を進める中国の共通語である漢語の普及も重要な課題であった。漢語学習が自民族の発展に繋がるというバイリンガル教育方針のもとで、民族学校に通う子どもたちは入学時点からすぐに漢語を学び、「漢語・漢文化」に親しむ。そして、子どもたちは「漢語・漢文化」が優位であり、「モンゴル語・モンゴル文化」劣位である、と捉えがちになる。彼らは無意識に「中華民族」の一員として育成される。この点に関しては、漢語教師へのインタビュー調査からも確認できている。漢語教師は、今の児童・生徒の漢語学習の状況を「子どもはみんな漢語が好きである」、「モンゴル語より漢語が得意になってい

終　章

る」という。

3　モンゴル語の衰退とモンゴル民族教育の危機

　深刻化するモンゴル語の衰退とモンゴル民族教育の危機的な状況もより明確となった。

　本書は2007年から2011年にかけての数回にわたる現地でのフィールドワークをもとに考察を進めてきた。手法としては、英語教育の導入によるモンゴル民族教育の「現状」を具体的に明らかにするために、モンゴル民族学校の各言語教師と保護者にインタビュー調査を実施した。それ以外は、現地調査で入手した資料やモンゴル語の試験の点数、などの分析で補完した。

　そこで、モンゴル語の衰退の深刻さの元ともいえる、モンゴル教育の危機が浮かび上がってきた。2001年以降の英語教育の必修化により、モンゴル語の授業時間数の大幅減少と少数民族に対する一連の政策がモンゴル語の衰退に影響を与えている。決められた授業時間数に教科書の内容を終わらせることができないと、モンゴル語教師からも厳しい批判が寄せられている。

　モンゴル語の衰退は、近年始まったものではない。それは1949年以降の漢語重視のバイリンガル教育の結果でもある。モンゴル民族の児童・生徒はモンゴル語にあまり興味関心を示さず、三つの言語のバランスをみると漢語と英語、その次にモンゴル語という形になる。哈申格日勒と小柳正司は少数民族の言語の喪失は「強制的な喪失」から「自然的な喪失」になっているという。しかし必ずしも「自然的な喪失」ではない。モンゴル民族の人々は強制的に遊牧生活を捨てざるを得なくなったため、遊牧文化と密接に発達してきたモンゴル語の語彙が子どもの生活実態にそぐわなくなり、子どもの想像力をかき立てるような教材もできず現実の力関係で漢語と英語、それに並んでモンゴル語という意識になってきている。

4　英語教育の導入とモンゴル民族教育の変容

　また、英語教育の導入とモンゴル民族教育への要求の変容がある。

ここまで、自民族の歴史・文化を継承できないモンゴル民族教育、漢語重視のバイリンガル教育とモンゴル語の衰退を指摘してきた。しかし、これらの問題点が存在する一方で、英語教育の導入に伴うモンゴル民族教育の変容も無視できない課題である。その変容は、バイリンガル教育からトライリンガル教育になったモンゴル民族教育への期待と、自民族のことばや歴史・文化を次世代に継承したいという願いである。今のところ、モンゴル民族教育で新たに試みられているトライリンガル教育は、困難をかかえながらも期待をもって受け止められている。

　自民族語と漢語のバイリンガルという少数民族教育の政策は、少数民族の学校教育における漢語の普及の有力手段となり、中国への同化を推進したのは間違いない。1978年改革開放以降の市場経済の進展により、沿海部と内陸部との経済格差の急速な拡大、同時に経済の成長を願うモンゴル民族の人々の気持ちともからみ、「漢語・漢文化」を先進的に捉え、「モンゴル・モンゴル語無用論」を醸成する心理状況がうみだされた。

　英語教育の小学校への導入によって、漢語と英語は漢民族と同じように学ぶことができて、またその上にモンゴル語もマスターすれば、おおいに「将来性」があるという意識がうまれる。今までの漢語重視のバイリンガル教育と異なり、三つの言語をマスターする方が有利と捉え、トライリンガル教育を柱とするモンゴル民族教育への期待は大きい。

　英語教育の導入に伴うモンゴル民族教育への期待に関しては、保護者へのインタビュー調査からも確認できる。

　今日、保護者は、漢民族学校とモンゴル民族学校のどちらを選択するかという大きな課題に直面している。内モンゴル自治区においても、学校で漢語をきちんと学ばなければ職がないため、漢民族学校への志望者が多い。保護者はモンゴル民族学校と漢民族学校の選択の問題で悩まされる。その選択に悩まされた結果、最終的にモンゴル民族学校を選択した要因は、モンゴル民族学校でも漢語と英語を漢民族と同じく学習できることであった。

　小学校からモンゴル語と漢語のバイリンガル教育だったモンゴル民族学校で

は、英語の導入時期が漢民族学校より遅かった。英語を早い時期から学ばないと漢民族に「勝てない」という競争心がモンゴル民族の人々にはあった。それは、中国全土で激化する受験競争の影響である。一人っ子政策によって家庭における教育投資の集中化が進む中で、モンゴル民族の子どもも厳しい受験競争に晒されるようになってきている。スタートラインが異なる学生でも、高級中学受験や大学受験において、地域ブロック内では統一テストで選別される。その結果、都市部で早い段階から英語を習得する学生と少数民族との間に、大きな差が生まれる。しかし、モンゴル民族学校でも小学校から英語を学習できるので、これが払拭されるという。

　保護者が、モンゴル民族学校を選択するもうひとつの要因は、自民族のことばや歴史・文化を次世代に継承したいというモンゴル民族教育への願いである。今までは、「漢語・漢文化」や英語が子どもの「将来性」の役に立つという観点からの選択であった。しかし英語教育の導入に伴って、モンゴル民族教育への要求が多様化し、かつてないほど揺れ動いている時期でもある。学校教育でマイノリティの教育を支えるのは、母語・母文化であるとジム・カミンズはいう。母語・母文化を身につけることは、マイノリティの子どもが親や祖先から受け継いだ知恵を次世代に継承していく点でも大切であると、その必要性をいう。また、母語の熟達度で第二言語の伸びが予測できるという。

第三節　モンゴル民族教育の今後の発展に向けて

　本書では、中国におけるモンゴル民族教育を言語教育政策とモンゴル民族学校の現地調査の双方から整理・分析してきた。最後に、モンゴル民族教育の今後の発展に向けて、モンゴル民族教育と言語教育の課題とそのあり方を提示したい。

　長年バイリンガル教育を行ってきたモンゴル民族教育において、英語教育の導入とともに、新たな問題が生起した。三つの言語のバランスは英語と漢語、その次にモンゴル語になる。モンゴル語衰退の現象は、今後も続くものと思わ

れる。そのため、モンゴル民族教育と言語教育への取り組みについて具体的に考察する必要がある。

　まず、モンゴル語とモンゴル民族の文化を継承し、発展させる必要があるということである。今までのモンゴル民族教育の基盤を担ってきたのは遊牧地域の学校であった。モンゴル民族の暮らし、モンゴル民族の伝統的な生活習慣がある遊牧地域によって、ことばや文化が継承されてきた。しかし現在、その基盤が崩れ始めているのである。自発的もしくは誘発的に遊牧生活が減り、モンゴル語が衰退して、都市化が進んでいる。今後のモンゴル民族のことばや文化を継承するためには、都市におけるモンゴル民族教育の役割は欠かせないのである。都市のモンゴル民族教育を考えた際、もちろん、モンゴル民族の学校教育を通してモンゴル語やモンゴル民族の文化を伝承することは必要不可欠である。これ以外に、都市での新たなモンゴルコミュニティづくりが必要であり、そこでモンゴル民族のことばや文化の存続に努め、モンゴル民族のアイデンティティの育成に力を入れることも必要になってくるだろう。いわゆるモンゴル民族教育の社会教育を重要視し、社会教育の中でモンゴル語やモンゴル民族の文化の摂取・吸収に取り組む意義を認識させる必要がある。

　次に、モンゴル語とモンゴル民族文化を継承・発展させるためには、モンゴル民族の歴史教育とモンゴル語教育を結びつける必要があるということである。第二章の歴史教育の教育内容の検討で明らかになったように、モンゴル民族の歴史をほとんど身に付けてないことと、このような児童・生徒がモンゴル語を学ぶ時の苦労がある点からも、モンゴル民族の歴史教育とモンゴル語教育が結合したカリキュラム編纂が必要である。そのために、教科書・教材・教具などの教育面での整備が求められる。その時、最も重要な役割を果たすのは、モンゴル民族学校の教師一人一人が真剣に向き合う姿勢である。したがって、次世代の教員育成にいち早く取り組むことが重要な課題になる。このカリキュラム編纂に求められるのは教育実践の研究である。

　最後に、モンゴル民族の小学校及び初級中学における外国語教育に関する疑問である。現在、内モンゴル自治区では外国語教育として英語教育が圧倒的割

合を占めている。中国の学校教育では、外国語教育として英語・日本語・ロシア語の中からひとつ選択できるようになっている。しかし英語のグローバル化によって、内モンゴル自治区では英語教育が重要視されるようになり、ほとんどの民族学校では英語が教えられている。調査からも確認できたことは、モンゴル民族学校でも漢語と並んで英語が重要視されている。将来役に立つというより、目に見えるメリットは英語が受験科目に入っており、また有名な大学に進学したい場合は英語がその大学の基準に満たないと進学できない場合もあるからである。このような受験競争のために英語教育が小学校から必修科目になってきている。しかし卒業後、社会で英語がどの程度実用化されているかはやはり疑問として残されている。

参考文献

単行本（日本語）

- 青木保ほか編『民族の生成と論理』第5巻、岩波書店、1997年。
- 青木麻衣子『オーストラリアの言語教育政策—多文化主義における「多様性」と「統一性」の揺らぎと共存』東信堂、2008年。
- 阿部洋『中国近代学校史研究：清朝における近代学校制度の成立過程』福村出版、1993年。
- 阿部洋「清末中国の学堂教育と日本人教習—明治後期教育雑誌等所収記事・論説の分析）その3）」『福岡県立大学紀要』第9巻、第1号、2000年。
- 乾美紀『ラオス少数民族の教育問題』明石書店、2004年。
- 王柯『20世紀中国の国家建設と民族』東京大学出版会、2006年。
- 王智新『現代中国の教育』明石書店、2004年。
- 大塚豊「義務教育法の改定—その内容と意義」霞山会編『東亜』1月号、2006年、84-85頁。
- 岡本雅享「中国のマイノリティ政策と国際基準」毛里和子編『中華世界：アイデンティティの再編』東京大学出版会、2001年。
- 岡本雅享『中国の少数民族教育と言語政策』社会評論社、1999年。
- 奥村みさ・郭俊海・江田優子ペギー『多民族社会の言語政治学—英語をモノにしたシンガポール人のゆらぐアイデンティティ』ひつじ書房、2006年。
- 小野原信善・大原始子編著『ことばとアイデンティティ—ことばの選択と使用を通して見る現代人の自分探し』三元社、2004年。
- 加々美光行「中国の周辺民族問題と国際政治の変遷—内蒙古地域と新疆地域を中心として」『現代中国　第4巻　歴史と近代化』岩波書店、1989年。
- 片岡弘次編「21世紀の民族と国家　第11巻』『少数民族の生活と文化』未来社、1998年。
- 河原操子『カラチン王妃と私 モンゴル民族の心に生きた女性教師』芙蓉書房、1969年。
- 河原俊昭『世界の言語政策—多言語社会と日本』くろしお出版、2002年。
- 河原俊昭・山本忠行『多言語社会がやってきた—世界の言語政策Q&A』くろしお出版、2004年。
- 河原俊昭・山本忠行『世界の言語政策　第2集—多言語社会に備えて』くろしお出版、2007年。
- 金龍哲編訳『中国少数民族教育政策文献集』大学教育出版、1998年。
- 楠山研『現代中国初中等教育の多様化と制度改革』東信堂、2010年。
- 小島麗逸・鄭新培『中国教育の発展と矛盾』御茶の水書房、2001年。
- 小林正典『中国の市場経済化と民族法制—少数民族の持続可能な発展と法制度の変革』法律文化社、2002年。

- コリン・ベーカー著 (岡秀夫訳)『バイリンガル教育と第二言語習得』大修館書店、1996年。
- 後藤田遊子「モンゴル国における文字の歴史と民主化後の言語政策」河原俊昭編『世界の言語政策―多言語社会と日本』シナノ出版社、2002年。
- 桜井厚『インタビューの社会学―ライフストーリーの聞き方』せりか書房、2002年。
- 佐々木倫子ほか編『変貌する言語教育―多言語・多文化社会のリテラシーズとは何か』くろしお出版、2007年。
- 篠原清昭『中国における教育の市場化―学校民営化の実態』ミネルヴァ書房、2009年。
- 渋谷謙次郎編『欧州諸国の言語法―欧州統合と多言語主義』三元社、2005年。
- 白岩一彦「内蒙古における教育の歴史と現状(上)」『レファレンス』1995年4月号。
- 白岩一彦「内蒙古における教育の歴史と現状(中)」『レファレンス』1995年6月号。
- シンジルト『民族の語りの文法 中国青海省モンゴル族の日常・紛争・教育』風響社、2003年。
- ジム・カミンズ・マルセル・ダネシ著(中島和子・高垣俊之訳)『カナダの継承語教育―多文化・多言語主義をめざして』明石書店、2005年。
- 末藤美津子『アメリカのバイリンガル教育―新しい社会の構築をめざして』東信堂、2002年。
- 諏訪哲郎・王智新・斉藤利彦編著『沸騰する中国の教育改革』東方書店、2008年。
- S・B・メリアム著(堀薫夫・久保真人・成島美弥訳)『質的調査法入門―教育における調査法とケース・スタディ』ミネルヴァ書房、2004年。
- 田中克彦『ことばと国家』岩波書店、1981年。
- 田中克彦『モンゴル―民族と自由』岩波書店、1992年。
- 田中克彦『モンゴルの歴史と文化』岩波書店、2000年。
- 田中克彦『言語からみた民族と国家』岩波書店、2001年。
- 鳥居きみ子『鳥居龍蔵閲―土俗学上より観たる蒙古』六文館、1931年。
- 鳥居龍蔵『満蒙を再び探る』六文館、1932年。
- 鳥居龍蔵『鳥居龍蔵全集』第9巻、朝日新聞社、1975年。
- 中見立夫「グンサンノルブと内モンゴルの運命」護雅夫編『内陸アジア・西アジアの社会と文化』山川出版社、1983年。
- 中見立夫「シンポジウム・近代内モンゴルの資料と研究動向」東洋文庫和文紀要『東洋学報』第71巻、第3・4号、1990年3月。
- 中島和子『バイリンガル教育の方法―12歳までの親と教師ができること』(増補改訂版)アルク、2007年。
- 南亮進・牧野文夫・羅歓鎮著『中国の教育と経済発展』東洋経済新報社、2008年。
- フィリップG.アルトバック・馬越徹『アジアの高等教育改革』玉川大学出版部、2006年。
- 福島貞子『日露戦争秘史中の河原操子 伝記・河原操子』大空社、1992年。
- 牧野篤『中国変動社会の教育―流動化する個人と市場主義への対応』勁草書房、2006年。
- 牧野篤「中国における教育のダイナミズムを考える―小島麗逸・鄭新培編著『中国教育の発展と矛盾』を教材に」『アジア経済』2002年。
- 松田陽子『オーストラリアの言語政策と多文化主義―多文化共生社会に向けて』兵庫県

立大学経済経営研究所、2005 年。
・山崎朋子『アジア女性交流史明治・大正期篇』筑摩書房、1995 年。
・吉村道男「日露戦争期の日本の対蒙古政策の一面「咯喇沁王府見聞録」について」政治経済史学会編集『政治経済史学』日本政治経済史学研究所、1991 年 6 月。
・ルイ＝ジャン・カルヴェ著 (西山教行訳)『言語政策とは何か』白水社、2000 年。
・渡辺鉄太『緑の森のバイリンガル―多言語多文化社会での子育て、オーストラリアでの実践』三修社、2005 年。

単行本（中国語）

・布赫『民族理論与民族政策』内蒙古大学出版社、1995 年。
・陳琳国『中華民族的形成』広東人民出版社、1996 年。
・載慶廈『構建我国民族言語和諧的幾個理論問題』中央民族大学学報 (哲学社会科学版)、第 35 巻 177 期、2008 年 2 月。
・高文徳主編『中国少数民族史大辞典』吉林教育出版社、1995 年。
・韓達主編『中国少数民族教育史　第 2 巻』雲南教育出版社、広西教育出版社、広東教育出版社、1998 年。
・『呼和活特経済統計年鑑 1999』中国統計出版社、1999 年。
・劉世海『内蒙古民族教育発展戦略概論』内蒙古教育出版社、1993 年。
・劉春『民族問題文集　続集』民族出版社、2000 年。
・盧勛『中華民族凝聚的形成与発展』民族出版社、2000 年。
・林耀華『民族学通論』中央民族大学出版社、1997 年。
・羅開雲『中国少数民族革命史 (近現代) 大事記』中央民族大学出版社、2000 年。
・『内蒙古自治区教育成就統計資料　1947-1997 年』内蒙古教育出版社、1997 年。
・舎那木吉拉『中国民族語文工作的創挙　蒙古語文「八協」工作 20 年回顧』遼寧民族出版社、2000 年。
・沈林『中国的民族郷』民族出版社、2001 年。
・沈桂萍・石亜洲『民族政策科学導論―当代中国民族政策理論研究』中国民族大学出版社、1999 年。
・田季清主編『民族研究論文集』民族出版社、2001 年。
・勝星・王群主編『20 世紀中国少数民族与教育』民族出版社、2002 年。
・烏蘭図克主編『内蒙古民族教育概況』内蒙古文化出版社）海拉爾市）、1994 年。
・呉明海『中国少数民族教育史教程』中央民族大学出版社、2006 年。
・余子侠『民族危機下的教育応付』華中師範大学出版社、2001 年。
・『内蒙古自治区教育成就統計資料　1947-1997 年』内蒙古教育出版社、1997 年。
・『中国少数民族語言使用状況』中国蔵学出版社、1994 年。

論文

- 阿思根「特別寄稿　内モンゴルにおける遊牧社会の崩壊過程と現存する諸問題」日中社会学学会『日中社会学研究』第9号、2001年、7-17頁。
- アナトラ・グリジャナティ「中国新疆ウイグル自治区における経済開発と言語変容―バザールを中心に」九州大学大学院人間環境学研究院国際教育文化研究会『国際教育文化研究』第7号、2007年、97-108頁。
- アナトラ・グリジャナティ「中国の少数民族双語教育における母語の位置づけ―新疆ウイグル自治区の民族教育をめぐって」九州大学大学院人間環境学研究院国際教育文化研究会『国際教育文化研究』第9号、2009年、125-137頁。
- アナトラ・グリジャナティ「中国における少数民族双語教育に関する研究―多言語共生の視点から」九州大学大学院教育学研究科『九州大学大学院教育学コース院生論文集』第9号、2009年、17-32頁。
- アラタン・バートル「現代中国の少数民族地域における家族の教育戦略―モンゴル族の地域・階層間比較を中心に」『地域社会学会年報』第21集、2009年、101-113頁。
- 今井範子ほか「中国・内モンゴル自治区草原地域におけるモンゴル民族の生活様態とその変化(第1報)シリンゴル盟の移民村における牧畜民の生活様態」『家政学研究』奈良女子大学家政学会編、第54巻1号、2007年、35-45頁。
- 今井範子ほか「中国・内モンゴル自治区草原地域におけるモンゴル民族の生活様態とその変化(第2報)シリンゴル盟における固定家屋に住む牧畜民の生活様態」『家政学研究』奈良女子大学家政学会編、第54巻1号、2007年、46-53頁。
- 今井範子ほか「中国・内モンゴル自治区草原地域におけるモンゴル民族の生活様態とその変化(第3報)シリンゴル盟の都市部と都市近郊におけるモンゴル民族の生活様態」『家政学研究』奈良女子大学家政学会編、第54巻1号、2007年、54-61頁。
- 烏力更「中国内モンゴル自治区における民族教育―生徒たちの寄宿生活」佛教大学教育学部『佛教大学教育学部学会紀要』第8号、2009年、151-159頁。
- 江原裕美「ラテンアメリカにおける教育と言語―異文化間二言語教育に見る「多元文化国家」への模索」『比較教育学研究』日本比較教育学会編、第35号、2007年、65-83頁。
- 遠藤誉「中国の高等教育の現状と課題」霞山会編『東亜』2007年5月号、10-18頁。
- 王錫宏「中国の少数民族における二重性理論と実践」『国際教育研究』第18巻、1998年、7-17頁。
- 王錫宏「中国における少数民族教育の実態及びその課題」『東京大学大学院教育学研究科紀要』第38巻、1998年、237-245頁。
- 王錫宏「中国の少数民族教育を育て上げるための新措置―全国143の少数民族貧困県に教育援助を実施する」『国際アジア文化学会』第5巻、1998年、137-151頁。
- 王錫宏「中国における民族問題と教育の構造」『東京学芸大学海外子女教育センター研究紀要』第45巻、2006年、221-233頁。
- 小川佳万「中国における少数民族高等教育政策―「優遇」と「統制」のメカニズム」比較教育学会『比較教育学研究』第20号、1994年、93-104頁。
- 鎌田文彦「義務教育法の改正―基礎教育の質の向上と機会均等を目指す」国立国会図書

館調査及び立法考査局編『外国の立法』230、2006 年 11 月、182-184 頁。
・金成君「延辺朝鮮族自治州における民族教育の現状と課題」『九州大学大学院教育学コース院生論文集』九州大学大学院教育学研究科編、第 7 号、2007 年、57-73 頁。
・格日楽「中国民族教育における教育自治権について―民族教育の使用言語文字と教育内容に対する自治権を中心に」一橋大学大学院法学研究科『一橋法学』第 5 巻第 3 号、2006 年 11 月、327-350 頁。
・小嶋祐輔「中国「和諧社会」論と少数民族―中華民族の多元性という本質主義の批判的考察」日本社会学理論学会『現代社会学理論研究』第 2 号、2008 年、128-140 頁。
・小林正典「中国民族法制の新展開―民族区域自治法の実施規定の制定を中心に」一橋大学大学院法学研究科『一橋法学』第 5 巻第 1 号、2006 年 3 月、79-101 頁。
・ゴイハン「内モンゴル自治区におけるトライリンガル教育―少数民族学生の母語能力への影響を中心に」お茶ノ水女子大学グローバル COE プログラム『格差センシティブな人間発達科学の創成』公募研究成果論文集、2008 年、65-75 頁。
・坂元一光　ジェリンアイ・マソティ「中国少数民族の言語と集団間関係の新局面―新疆ウルムチの「民考漢」を中心に」九州大学大学院教育学研究科『九州大学大学院教育学研究紀要』第 9 号、2006 年、71-90 頁。
・スチンゴワ「モンゴル民族教育における教科書編纂の実態」東京外国語大学大学院教育改革支援プログラム「高度な言語運用能力に基づく地域研究者養成」学術調査報告書、2008 年。
http://www.tufs.ac.jp/common/pg/tr-pg-areastudies/jp/2025.html
(2010 年 4 月 27 日現在)
・ソロンガ「中国内モンゴル自治区における民族教育の現状―都市部のモンゴル家族の生活実態を中心に」愛知県立大学『愛知県立大学大学院国際文化研究科論集』第 7 巻、2006 年、205-234 頁。
・趙貴花「グローバル化時代の少数民族教育の実態とその変容―中国朝鮮族の事例」東京大学大学院教育学研究科『東京大学大学院教育学研究科紀要』第 47 巻、2007 年、178-187 頁。
・張延紅「中国少数民族教育に関する考察―延辺地区の事例を中心に」東京外国語大学大学院教育改革支援プログラム「高度な言語運用能力に基づく地域研究者養成」学術調査報告書、2008 年。
・張瓊華「多文化教育の社会統合機能に関する実証的研究―中国における二言語教育を通して」『教育社会学研究』第 63 号、1998 年、157-176 頁。
・張瓊華「中国における二言語教育と民族的アイデンティティの形成―民族文化共生の視点から」『比較教育学研究』第 24 号、1998 年、180-197 頁。
・張瓊華「中国における二言語教育と生徒の進路意識―機会均等の視点から」『東京大学大学院教育学研究科紀要』第 38 巻、1998 年、145-154 頁。
・張瓊華「中国における二言語教育と少数民族集団の選択」『東京大学大学院教育学研究科紀要』第 41 巻、2001 年、211-224 頁。
・トホタホ「少数民族留学生の民族的アイデンティティの変容と教育―中国国籍モンゴル人留学生への調査を通して」『日本学習社会学会年報』第 3 号、2007 年、57-65 頁。

- トホタホ「多民族・多言語国家における教育の現状と課題②―中国内モンゴル自治区を事例として」『季刊教育法』No.163、2009 年、80-85 頁。
- 仲潔・橋本純「民族アイデンティティと学校教育―朝鮮学校の教育実践から日本の言語教育が学ぶこと」岐阜大学教育学部研究報告人文学科『岐阜大学教育学部研究報告』第 57 巻、第 2 号、2009 年、175-184 頁。
- 娜荷芽「内モンゴルにおける近代教育―その思想と実践」東京大学大学院総合文化研究科・教養学部アジア文化研究会『アジア地域文化研究』第 3 巻、2006 年、51-62 頁。
- 哈申格日勒・小柳正司「中国内モンゴル自治区における民族語教育の現況」鹿児島大学教育学部『鹿児島大学教育学部教育実践研究紀要』第 17 巻、2007 年、101-107 頁。
- ハスバガナ「清朝時代のモンゴル族教育と言語教育」『東京大学大学院教育学研究科紀要』第 40 巻、2000 年、89-116 頁。
- 日暮トモ子「中国の義務教育改革の動向―現状と課題」霞山会編『東亜』2007 年 5 月号。
- 日暮トモ子「「義務教育法」改正に見る―中国の義務教育改革のゆくえ」日本国際教育学会『国際教育』第 14 号、2008 年、145-149 頁。
- フフバートル「少数民族語から見た中国「国家語」名称―「国家通用語」名としての「普通話」の可能性」『学苑・人間社会学部紀要』NO.820、2009 年、59-72 頁。
- フレルバートル「内モンゴル自治区の民族教育をめぐる諸問題」『言語・国家、そして権力』親世社、1997 年。
- フレルバートル「「内蒙古」という概念の政治性」『ことばと社会』三元社、第 1 号、1999 年。
- 宝力嘎「モンゴル民族の教育：文化的観点からの考察」関西学院大学大学院文学研究科『人文論究』第 57 巻、第 1 号、2007 年、122-135 頁。
- 包聯群「中国黒龍江省ドルブットモンゴル族の言語教育実態」『東北アジア研究』東北大学東北アジア研究センター編、第 12 号、2008 年、57-78 頁。
- 芒来夫「中国における民族自治地方の立法自治権の現状と課題」一橋大学大学院法学研究科『一橋法学』第 5 巻第 3 号、2006 年 11 月、49-74 頁。
- 山本賢二「新疆ウイグル自治区におけるバイリンガル教育」『現代中国事情』第 17 号、2008 年、45-76 頁。
- 于逢春「清末内蒙古の教育改革と貢王について―いわゆる貢王三学を中心として」『アジア教育史研究』第 10 号、2001 年、51-63 頁。
- 梁忠義「中国における教育の改革と発展」『国際教育研究』第 18 巻、1998 年、1-6 頁。
- 渡邉彩子・来小「中国内モンゴル中学生の家庭生活実態」群馬大学教育学部家政教育講座『群馬大学教育学部紀要　芸術・技術・体育・生活科学編』第 43 巻、185-204 頁。

初出論文

第一章は、「中国における少数民族教育の現状」(『教育科学研究』第21号、2006年、pp.11-18) をもとにしている。

第二章は、「中国におけるモンゴル民族教育の構造と課題——教科書分析を中心に」(『国際教育』第11号、2005年、pp.43-62) をもとにしている。

第五章の第三節は、「モンゴル民族学校を選択する意味——内モンゴル自治区A・ホショーのインタビューから」(『東アジア社会教育研究』第18号、2013年、pp.249-256) を加筆修正したものである。

あとがき

　本書は 2013 年に提出した首都大学東京の博士論文「中国内モンゴル自治区におけるモンゴル民族教育の現状と課題―バイリンガル教育と英語教育の導入に伴う変容を中心に―」に若干の修正を加えて、独立行政法人日本学術振興会平成 27 年度科学研究費補助金「研究成果公開促進費」（学術図書）の助成〈課題番号 15HP5205〉を受けて刊行したものである。本書が刊行されるまでには、多くの方々からご指導とご支援を賜った。

　まず首都大学東京教育学研究室の先生方に感謝の意を表したい。博士課程の指導教官として指導してくださった野元弘幸先生にお礼を申し上げたい。野元先生からは、博士論文の執筆にあたり貴重なご意見とご指導を賜り、一人の研究者としてどうあるべきかを指導していただいた。またマイノリティや留学生に関しても理解してくださり、常に支えてくださったことは感謝するばかりである。副査の岩崎正吾先生と金侖貞先生にも感謝の意を表したい。岩崎先生には早稲田大学に移られてからも継続してご指導いただいた。金先生は外国人女性研究者としてのスタンスでご指導・ご助言を下さった。

　また、修士課程の指導教官として指導してくださった茨木智志先生（上越教育大学教授）との出会いがあってこそ、本研究成果がある。初めて、自分がモンゴル人であるということを改めて気づかせてくれた。茨木先生には論文の読み方、書き方や研究方法などをご指導いただき、大変感謝している。

　新保敦子先生（早稲田大学教授）と川島緑先生（上智大学教授）には大学ゼミや学会でモンゴル民族教育について発表する機会をいただいたことは大変な刺激と励ましになった。また、水野邦彦先生（北海学園大学教授）、杉村美紀先生（上智大学教授）、鈴木慎一先生（早稲田大学名誉教授）、バイガル先生（桜美林大学准教授）と奥様のナブチ先生、包聯群先生（大分大学准教授）からは、論文執筆の指導及び留学生活で心の支えになっていただき、精神的にも

大きな励ましとなった。改めて感謝を申し上げたい。

　また、来日以降は数え切れない程の方々にさまざまな援助をいただいた。新潟在住の江口修氏、奥様の廣子氏、小山厚氏、渡辺雅晴氏と奥様の由季氏には大変お世話になった。東京にきてから、いつでも新潟に遊びにきてくださいと言ってくれることばがとても温かくて、励ましになった。東京での生活や論文執筆に行き詰まったときに、新潟の海を眺めながらラーメン、カレーやかき氷を食べたことは一生の思い出になった。いつも温かく見守ってくださり、「お帰りなさい」と出迎えてくださる新潟の皆様に大変感謝している。

　日本の留学生援助制度に対しても深くお礼を申し上げたい。来日してから私は、ロータリー米山記念奨学金、文部科学省外国人留学生学習奨励費、財団法人守屋留学生交流協会外国人留学生奨学金をいただき、大いに助けられた。その奨学金をいただいたお蔭で、生活費と授業料を稼ぐためのアルバイトをしなくて済み、研究に専念し、博士論文を完成させることができた。また、私費外国人留学生助成金富士ゼロックス小林節太郎記念基金と、公益財団法人三島海雲記念財団学術研究奨励金をいただいたお蔭で、現地調査をすることができ、モンゴル民族の「いま」を本書にまとめることができた。何よりも内モンゴル自治区で現地調査にご協力してくださった皆様にもこの場を借りて深くお礼を申し上げたい。外国で勉強する著者が現場に立ち入ることを制限されることもあった中で、協力してくださった現地の方々にもこの場を借りて感謝を申し上げたい。

　また2006年から長年、中国語講師として採用してくださった「日本中国友好協会八王市支部」の方々や受講生に大変お世話になった。授業後に皆様とコーヒーを飲みながら語り合う時間が、私にとって唯一、論文からの現実逃避にもなり、毎週の楽しみだった。いつも温かく見守ってくださった皆様に心よりお礼を申し上げたい。

　そして学術書の出版事情が厳しい中で、本書の刊行を快諾してくださった現代図書の野下弘子氏に厚く感謝とお礼を申し上げたい。

あとがき

　最後に、長年に亘る留学生活を応援してくれた両親に感謝したい。また私の仕事を尊重し、常に家事と子育てに協力してくれている夫、昨年に生まれたばかりでいつも元気をくれる長男にも感謝したい。

2015年12月

　　　　　　　　　　　　　　　　　　　　　　　　　　　　　ハスゲレル

■著者略歴
ハスゲレル（哈斯格日楽）
 1977 年　中国内モンゴル生まれ。
 2010 年　東京都立大学人文科学研究科単位取得後退学
 現　在　首都大学東京都市教養学部助教　博士（教育学）

中国モンゴル民族教育の変容
──バイリンガル教育と英語教育の導入をめぐって

2016 年 2 月 28 日　第 1 刷発行

著　者　ハスゲレル　　Ⓒ HASGEREL, 2016
発行者　池上　淳
発行所　株式会社　現代図書
　　　　〒 252-0333　神奈川県相模原市南区東大沼 2-21-4
　　　　TEL　042-765-6462（代）　　FAX　042-701-8612
　　　　振替口座　00200-4-5262　　ISBN　978-4-434-21671-8
　　　　URL　http://www.gendaitosho.co.jp　E-mail　info@gendaitosho.co.jp
発売元　株式会社　星雲社
　　　　〒 112-0012　東京都文京区大塚 3-21-10
　　　　TEL　03-3947-1021（代）　　FAX　03-3947-1617
印刷・製本　モリモト印刷株式会社

落丁・乱丁本はお取り替えいたします。　　　　　　　　　　　　　Printed in Japan
本書の内容の一部あるいは全部を無断で複写複製（コピー）することは
法律で認められた場合を除き、著作者および出版社の権利の侵害となります。